낭비 사회를
넘어서

세르주 라투슈

Serge Latouche

Bon Pour La Casse

낭비 사회를 넘어서

민음사

이 책에 커다란 영감을 주었지만
갑작스럽게 세상을 떠난
친구 자일스 슬레이드에게
이 책을 바친다.

차례

일러두기

1   이 책에 있는 주는 모두 저자의 주이며,
    필요한 경우 [옮긴이] 표시 뒤에 옮긴이의 주를 달았다.
    한국어 번역서는 모두 옮긴이가 덧붙였다.

2   본문에 사용된 문장 부호의 의미는 다음과 같다.
    『 』: 전집이나 총서 또는 단행본
    「 」: 개별 작품 또는 논문, 기사, 강연회, 전시회, 영화 등
    《 》: 신문 또는 잡지

계획된 혹은 의식된 진부화는
낭비 사회가 야기하는 최악의 폐해이며,
우리 각자가 소비자이자 시민으로서
정당하게 누려야 할 권리와 이익을 잠식한다.

팀 잭슨[1]

머리말

학창 시절 나는 여느 경제학도들처럼 기술적 진부화에 대해, 즉 좀 더 성능이 좋은 신모델의 출현으로 기존 설비가 가치를 상실하는 현상에 대해 들어 본 적이 있다. 그러나 고의로 기계 속에 결함을 삽입하는 '계획적' 진부화라든지, 광고와 유행에 의해 너무 이른 시기에 제품이 구식이 되어 버리는 '상징적' 진부화에 대해서는 전혀 모르고 있었다. 한편 이 주제의 고전이 된 밴스 패커드의 『낭비 조장자들(The Waste Makers)』[1]이 이미 1962년 프랑스에 번역, 소개된 터였다. 나는 학교를 졸업하고 한참이 지나서야 신문과 책을 통해 이 두 현상에 대해 알게 되었다. 특히 현대 자본주의와 소비 사회를 비판하는 글들이 도움이 되었다. 미국의 경제학자 존 케네스 갤브레이스의 『풍요한 사회(The Affluent Society)』(1958)[2]가 성공을 거두면서 미국 지식인 사회에서 계획적 진부화에 대한 논쟁이 촉발되었고, 그 여파는 서서히 유럽 지식인 사회로 확산되었다.

앞에서 말한 용어들은 막다른 골목에 이른 발전 논리를 비판하고 성장 사회를 문제 삼는 레토릭(rhetoric) 속에서, 그리고 최근에는 탈성장을 둘러싼 논의 속에서 자연스럽게 사용되고 있다. 하지만 코지마 단노리트세르에게서 연락을 받고 이 주제로 영화를 제작할 계획이라는 말을 들었을 때 선뜻 나설 마음이 생기지 않았다. 이 주제에 대해 논할 위치가 아닐뿐더러 주제 자체가 적절한지에 대한 확신도 없었기 때문이다. 계획적 진부화는 소비 사회와 생산주의 체제를 비판하고 극복하기 위한 여러 이유 중 하나일지언정 가장 중요한 이유는 아니라는 게 내 생각이었다. 더욱이 그가 초면인 내게 바르셀로나의 쓰레기 수거에 관한 짧은 다큐멘터리 영화들을 보여 줬을 때 이 주제가 대중의 관심과 감흥을 불러일으키기는 힘들 것이라고 생각했다. 그가 인내심을 가지고 설득하지 않았더라면, 아마도 나는 이 영화 제작에 참여하지 않았을 것이고 그 속에 탈성장에 대한 논의를 삽입할 기회도 없었을 것이다. 나는 영화 속 몇몇 장면에 잠깐씩 등장하지만, 스크린 바깥에서는 감독과 많은 시간을 함께 보냈다. 우리는 바르셀로나에서 두어 차례 만났고, 내가 초빙 교수로 시에나에서 근무할 당시에는 그가 사진가를 대동하고 나를 쫓아다니기도 했다. 프라드에서는 촬영 팀을 전부 데려와 공식 콘퍼런스에서, 그리고 한 개인 별장에서 나를 촬영하기도 했다.

엄청난 양의 필름을 편집한 끝에 그가 내놓은 영화를 보고 상당히 놀랐다는 사실을 고백해야 할 것 같다. 그리고 곧바로 영화의 골격을 좀 더 인문학적으로 구현한 책을 한 권 써야겠다는 생각이 들어 그에게 공동 작업을 제안했다. 그 역시 다큐멘터리 제작 과정에서 축적한 다양한 인터뷰 기록을 책으로 펴낼 계획을 세우고 있던 터였다. 하지만 영화가 성공을 거두면서 그는 순회 상영회 일정 등에 쫓겨 시간을 낼 수가 없었다. 결국 그 계획은 더 이상 진전되지 못했다.

그사이, 이 영화 시나리오에 이론적 기초를 제공한 『버리기 위해 만들기(*Made to Break*)』[3]의 저자 자일스 슬레이드가 내게 연락을 해 왔다. 그는 친절하게도 자신의 책 한 부를 보내 주었고 나는 곧바로 그 책을 프랑스어로 번역할 생각이었다. 계획적 진부화에 대해 너무도 잘 정리된 책이 나온 마당에 굳이 새 책을 쓸 필요는 없었다. 여러 차례 이메일을 주고받으면서 자일스 슬레이드와 나는 친구이자 동지 사이로 발전했다. 그 과정에서 나는 그의 책 번역본에 머리말이나 해제를 덧붙일 요량으로, 그리고 이 주제를 탈성장의 관점에서 종합한 소책자를 써 볼까 하는 생각에서 노트들을 정리해 왔다. 하지만 내가 아는 출판사들은 모두 이 책의 번역본 출판에 회의적이었으므로 내 책을 먼저 출판하는 쪽으로 계획을 수정할 수밖에 없었다. 아무쪼록 나중에라도 이 주제에 대한 관심이 확산되어 더욱 심화된 연구를 위해 자일스 슬레이드의 저서가 번역, 출판되기를 바라는 마음이다. 단노리트세르의 영화 속에 등장하는 여러 인물을 통해서도 나는 이 주제의 특별한 측면들을 배울 수 있었다. 독자 여러분은 이 책 곳곳에서 그들의 이름을 접하게 될 것이다. 어쨌든 자일스 슬레이드의 책과 코지마 단노리트세르의 영화(「전구 음모 이론」)[4]가 없었다면, 이 뒤에 이어지는 글들은 탄생하지 못했을 것이다. 그만큼 그들에게 큰 빚을 지고 있는 셈이다. 따라서 혹시라도 이 책이 찬사를 받는다면 그 영광은 그들과 함께 누릴 일이요, 반대로 조금이라도 결함이 있다면 그건 모두 나의 책임임을 일러둔다.[5]

서론: 성장 중독

얼마 전, 너무도 만족스럽게 사용해 오던 컴퓨터가 고장이 났다. 다시 작동시키려고 애를 썼지만 소용이 없었다. 컴퓨터를 들고 예전에 문제가 생겼을 때 도움을 받았던 판매 수리점을 찾았다. 기술자는 컴퓨터를 살펴보더니 하드 디스크 수명이 끝났다면서, 그 '기계'의 나이를 고려한다면 별로 놀랄 일도 아니라고 했다. 하드 디스크는 애초부터 3년 정도의 수명을 염두에 두고 만들어졌기 때문이란다.

생각지도 못한 순간에 제품들이 문제를 일으키는 경우가 종종 있다. 어느 날, 내 안경다리 하나가 부러졌다. 다행히 집 근처에 구식 안경점이 하나 있었다. 점원은 가게에서 비슷한 안경다리를 찾아서 수리해 주었고 결과는 매우 만족스러웠다. 그런데 불과 일주일도 지나지 않아 이번엔 다른 쪽이 부러졌다. 그 안경점에 다시 찾아가 비슷한 안경다리가 있는지 묻자 놀라운 대답이 돌아왔다.

"모르셨어요? 이런 종류의 안경은 수명이 2년 정도밖에 안 돼요."

그 대상이 세탁기든 텔레비전이든 모두들 비슷한 경험을 해 보았을 것이다. 의식하지 못하는 사이에 우리는 모두 계획적 진부화 현상을 경험하고 있다.

성장에 중독된 우리의 생산 시스템이 계획적 진부화의 출발점이다. 우리는 무제한적 축적 위에 사회 조직을 구축하는 운명을 선택했다. 우리는 원하든 원하지 않든 끊임없이 더 많이 생산하고 소비하도록 강요받는다. 성장이 느려지거나 멈추면 곧바로 위기가 찾아오고 모두들 패닉 상태에 빠진다. 이 필연성 때문에, 막스 베버의 유명한 표현을 빌리면, 성장은 "철 코르셋"[1]이 되어 버린다. 고용을 늘리고, 퇴직자들에게 연금을 지급하고, 공공 지출(교육, 안보, 사법, 문화, 교통, 보건 등)을 유지하려면 국내 총생산(GDP)이 지속적으로 증가해야 한다. 그런데 많은 이가 국내 총생산의 수준이 사회의 복지, 나아가 우리의 행복을 재는 바로미터가 될 수 있다고 착각한다. 점점 더 많이 생산하는 것은 당연히 점점 더 많이 소비하는 것을 의미한다. 우리는 성장 사회 속에서 살고 있다.

소비 사회는 성장 사회의 종착점이다. 성장 사회는 성장 경제가 지배하는 사회, 성장이 모든 것을 흡수해 버리는 사회로 정의할 수 있다. 즉 성장을 위한 성장이 경제와 삶의 우선적인 목표, 심지어는 유일한 목표가 되어 버린다. 분명한 필요를 위해 성장하는 것이 아니라

16

성장하기 위해 성장하는 것이다. 전자의 경우라면 굳이 반대할 이유가 없을 것이다. 생산을 무제한적으로 확대하기 위해서는 소비를 무제한적으로 부추겨야 하며, 새로운 욕망을 무제한적으로 불러일으켜야 한다. 종국에는 (황금 시간대 방송에서는 이 말을 잘 쓰지 않는다.) 오염과 쓰레기가 늘어나 지구 생태계가 파괴된다. 시스템에 내재된 철의 법칙이다. 영국의 생태 경제학자 팀 잭슨은 "자기 보존되는 이 시스템은 어떤 방식으로든 인간의 번영에 기여하는가?"라고 묻는다. "'이대로는 더 이상 안 된다.'라고 할 단계가 있지 않을까? 지금만큼 생산하고 소비하는 것을 멈출 수밖에 없는 시점이 도래하지 않을까? 경제 시스템이 지속적인 성장에 구조적으로 의존하는 상황에서는 당연히 이런 가정을 더 멀리까지 밀고 나가기 힘들다. 상품 판매 증가, 항상적인 기술 혁신, 소비 수요 증대에 대한 압력은 성장을 추구하는 과정에서 더욱 높아진다. 하지만 그 힘이 너무 강력해진 나머지 그 수혜자들의 이익마저 훼손하는 듯 보인다."[2]

성장 사회는 출발 단계부터 판로 문제에 직면했다. 노동자들의 구매력을 억제하면서 이윤을 뽑아내기 위해서는 과잉 생산된 상품의 구매자들을 찾아내야만 했다. 주기적으로(대략 10년마다) 산업은 심각한 과잉 생산 위기를 겪는다. 스위스 경제학자 장 샤를 레오나르 시몽드 드 시스몽디는 처음으로 이 현상을 분석하고 비판한 이들 중 하나였다.[3] 그는 나중에 사회주의자가 되는데, 사회주의야말로 노동자들의 만성적 과소 소비와 주기적인 시장 공급 과잉 현상을 장기적으로 극복할 수 있는 유일한 해결책이라고 보았다. 그러나 자본주의 경제는 그가 한계를 지적한 다른 방법, 즉 체제 확장, 과잉 생산된 상품 수출을 위한 외부 시장 개척을 통해 무너지지 않고 버텨 왔다. 저임금의 생산주의 경제에서 생산 증가분의 해소는 내부 수요 증가뿐 아니라 해외 수요 증가에 의존한다. 군대를 앞세워서라도 해외 시장을 개척하려는 이유도 이 때문이다. 우리는 여기서 현대 자본주의 역사 속에 반복적으로 등장하는 경향을 마주한다. 이 경향은 오늘날 긴축과 내핍 정책으로 재등장했다.

치열한 경쟁 속에서 독일처럼 용하게 성공을 거둔 나라들도 있지만 전 세계적 차원에서 보면 이 길은 막다른 골목을 향하고 있다. 한쪽의 수출 증대는 필연적으로 다른 쪽의 수입 증대로 귀결되는 제로섬 게임이기 때문이다. 경제가 돌아가려면 모두가 수출을 해야 한다고 말하는 것은 모두가 빚을 져야 한다는 말보다 더 모순적이다. 결국 갈수록 생산이 증가하고 자본주의가 전 지구적으로 확산되면서 소비는 거부할 수 없는 명령이 되었다. 대량 생산은 무엇보다 대량 소비를 필요로 한다. 그래야 물건을 모두 처분할 수 있기 때문이다. 하지만 생산성 향상은 소비 증대를 강요하는 데 그치지 않고 더 강력하게 고용을 위협하는 요소가 된다. 기계의 지나친 효율성을 상쇄하기 위한 상식적인 해결책으로 노동 시간 단축이 있지만 자본가들은 그런 것에 별로 관심이 없다. 노동조합과 국가가 나서지 않으면 실현될 수 없는 해결책이다. 틈만 나면 개악의 대상이 되는 노동 시간 단축 정책은 세계화와 자유 무역 시대에는 거의 실현 불가능한 것이 되고 말았다. 생산 시설이 저임금 국가들로 대거 이전되고 불안정 고용과 실업이 일반화되면서 경쟁이 너무 치열해진 나머지 서구의 노동자들은 자발적으로 '더 일하기'에 나서고 있다. 더 심각한 것은 이들이 동시에 덜 버는 것까지 받아들였다는 것이다. 이런 조건에서 만성적 실업을 해소할 수 있는 유일한 처방은 상품을 모두 판매하기 위해 더 성장하고 더 빚을 지는 것뿐이다. 종국에 선순환은 악순환이 되어 버린다. 실업의 위협 속에서 노동자들의 삶은 "공장에서 대형 마켓으로, 대형 마켓에서 공장으로 이동하면서 임금을 상품으로, 상품을 임금으로 교환하는 물질대사를 수행하는 바이오다이제스터(biodigester)[4]의 활동으로 축소되어 버렸다."[5]

자본가들의 경우는 희비가 엇갈린다. 일반적으로 가장 덩치 큰 자본들은 금융 자본으로 변신하여 투기를 통해 몸집을 불려 나간다. 나머지 자본들은 갈수록 커지는 압박감 속에서 과잉 생산과 과열된 판매 경쟁으로 인한 가격 하락으로 이윤의 추락을 감수할 수밖에 없다. 2012년 초, 불황에서 벗어날 길을 찾지 못한 이탈리아 북부의 중소기업 사장들이 연이어 자살하는 사태가 벌어진 것도 이런 이유 때문이다.

자연의 경우는 어떤가? 자연은 성장의 고통과 대가를 고스란히 떠안으며 무자비하게 착취되고 약탈되고 파괴된다. 또한 각 개인은 그 어느 때보다 고독하게 방치된다. '위안재(慰安財)' 산업이 이들에게 제공하는 치유책은 별 효과가 없어 보인다.[6] 이렇듯 우리는 성장이라는 마약에 중독된 환자가 되어 버렸다. 단지 비유적으로 하는 말이 아니다. 이 의존증은 다형적(polymorphe) 모습을 띨 수 있다. 슈퍼마켓과 백화점에 중독된 소비 과다증은 항우울제를 과다 복용하면서까지 일에 매달리는 직장인들의 일·알코올 중독(workalcoholism)과 만난다. 영국에서 진행된 조사 결과에 따르면, 기업 중역들 중에는 성과에 대한 압박감 때문에 코카인을 복용하는 이들도 있다.[7] 현대의 터보(turbo) 소비자들이 과잉 소비를 통해 얻는 것은 기껏 해야 상처와 역설로 가득한 행복일 뿐이다.[8] 경영자들의 중독 역시 이에 못지않게 심각하다. 인텔 회장 앤드루 그로브는 "경쟁에 대한 두려움, 파산에 대한 두려움, 오류를 범할지도 모른다는 두려움, 패배에 대한 두려움은 강력한 동기가 될 수 있다. 어떻게 하면 직원들의 패배에 대한 두려움을 적절히 이용할 수 있을까? 우리 자신이 그런 두려움을 느껴야만 가능한 일이다."[9]라고 말했다. 여기서 "인간이 만들어 낸 질병들"을 세세하게 거론할 필요까지는 없을 것이다. 다만 프랑스의 암 전문의 도미니크 벨폼의 다음과 같은 진단에는 동의하지 않을 도리가 없다. "성장은 인류에게 암이 되었다."[10]

1950년대 아이젠하워는 한 기자 회견장에서 '불황을 타개하기 위해 시민들이 무엇을 해야 하는가?'라는 질문에 다음과 같이 대답했다.

"사세요!"

"무엇을 사죠?"

"무엇이든!"[11]

이제 광적인 소비는 경제 위기와 실업의 재앙을 모면하기 위해 절대적으로 필요한 것이 되었다. 미국의 한 광고는 "오늘 하나를 더 사면 내일 실업자가 한 명 줄어든다. 그게 당신일 수도 있다!"라고 역설했다. 디트로이트의 라디오와 텔레비전은 여기에 유행가 가락까지 붙였다.

사세요!

일을 계속하는 길이에요.

사세요!

여러분의 미래가 보장돼요.

사세요, 사세요.

지금 여러분이 원하는 걸 사세요.[12]

이젠 욕망마저 강요한다! 참으로 다행스럽게도 욕망은 욕구와 달리 결코 채워지는 법이 없다. 정신 분석학자들에 따르면, 욕망은 잃어버렸지만 되찾을 수 없는 대상을 향하기 때문이다. '잃어버린 기표(signifiant)'를 되찾는 게 불가능한 상황에서, 한계를 모르는 리비도적 충동은 권력, 부, 섹스, 사랑, 심지어는 불멸에 대한 불가능한 꿈 등의 대용물을 향하게 된다. "인간은 필연적으로 죽을 수밖에 없는 동물

21

이다. 돈만 있다면 그는 사고, 사고, 또 산다." 테너시 윌리엄스의 『뜨거운 양철 지붕 위의 고양이(*Cat On A Hot Tin Roof*)』(1955)에서 빅 대디(Big Daddy)가 한 말이다. 팀 잭슨은 여기에 다음과 같이 덧붙인다. "그가 가능한 모든 것을 사려고 하는 것은 자신이 사들이는 물건 중 무언가는 영원히 남게 될 것이라는 헛된 희망을 품고 있기 때문이다."[13]

광고의 효과는 산업 생산물을 욕망의 대상 혹은 그 대용물을 획득하는 수단으로 제시하는 데 있다. 광고가 거두는 성공은 명백해 보인다. 그러나 소비자와 판매자 입장에서 그 결과는 실망으로 이어질 수밖에 없다. 사실상 자동차, 냉장고, 세탁기를 무제한적으로 사들인다는 것은 불가능하기 때문이다. 언젠가는 포화 상태에 이르기 마련이다. 따라서 수요를 계속 유지하기 위해서는 이 물건들이 반드시 사라져야 하며, 그 속도가 점점 빨라져야 한다. 이것이 바로 계획적 진부화의 기본 원리다.

1950년, 미국의 소매업 분석가 빅터 르보는 이미 소비주의의 논리를 이해했다. "엄청난 생산력을 자랑하는 경제가 우리에게 소비를 생활 양식으로 삼도록 요구한다. (……) 물건들은 갈수록 빠른 속도로 소비되고, 소각되고, 버려지고, 새로운 것으로 교체되어야 한다."[14] 밴스 패커드에 따르면, 미국인들을 탐욕에 사로잡혀 낭비를 일삼는 충실한 소비자로 만드는 상업적 전략과 이런 낭비를 조장하는 상품들이 개발되었다.[15]

22

이것이 정확하게 광고, 소비 금융, 계획적 진부화가 하는 일이다. 이 세 가지는 소비 사회가 악순환을 지속하기 위해 반드시 필요한 요소들이다. 광고는 소비하고자 하는 욕망을 불러일으키고, 소비 금융은 그 수단을 제공해 주며, 계획적 진부화는 소비자의 필요를 갱신한다. 이런 성장 사회의 작동 원리는 갈수록 빠른 속도로 생태계를 파괴하는 '치명적인 위협 요소'가 된다.

광고는 우리로 하여금 아직 가지지 못한 것을 욕망하게 하고 이미 누리고 있는 것을 비하하도록 부추긴다. 광고는 좌절된 욕망의 긴장을 조장하고 또 조장한다. 광고계의 거물들은 자랑스럽게 스스로를 "불만을 파는 상인"[16]이라고 부른다. 프레데리크 베그베데는 거리낌 없이 선언한다. "나는 광고인이다. 이 일을 하는 사람들 중에 당신의 행복을 바라는 사람은 없다. 행복한 사람은 소비하지 않기 때문이다."[17]

광고인들은 꿈을 파는 사람들이기도 하다. 그들은 욕망을 자극한다. 욕망은 결코 채워지지 않기 때문이다. 영국의 사회학자 콜린 캠벨은 현대 소비의 비밀을 다음과 같이 묘사한다. "끝없이 욕망을 추구하는 활동으로서 현대 소비의 가장 두드러진 특징은 결코 만족하지 못한다는 것이다."[18] 이런 소비욕은 섹스를 연상시키는 방식처럼 가장 전통적인 수법들에 의해 부추겨진다. 그러나 그렇게 해서 구입한 제품은 자동차를 예로 든다면, 이동의 필요를 만족시키는 면에서는 기술적으로 효율적일지 모르지만 권력에 대한 갈증을 해소하고 리비도를 진정시키는 데에는 훨씬 효과가 적다는 게 밝혀질 수도 있다. 물론 변두리 불량배 보스들이 좋아하는 카이엔 터보 사륜구동을 몰고 시내를 누비면서 얼간이들의 선망을 한 몸에 받거나, 멋진 알파 로메오 스포츠카를 타고 다니며 헤픈 아가씨들을 유혹할 수는 있을 것이다. 결과적으로, 갈수록 소비자들은 유용성이 큰 제품을 덜 구입하고 무용성이 큰 제품을 더 많이 구입한다.[19]

프랑스의 경제학자 베르나르 마리스는 다음과 같이 지적한다. "판매자와 광고인의 모든 활동은 상품이 넘쳐 나는 세계 속에서 필요를 창조해 내는 데 있다. 이를 위해 상품의 소비와 순환은 점점 빨라지고, 쓰레기는 점점 많이 쌓이고, 이 쓰레기를 처리하는 활동은 점점 중요해진다."[20] 그리고 덧붙이기를 "우리 눈앞에 제시되는, 가격이 파괴된 이 모든 상품, 이 모든 나라를 어떻게 소비할 것인가? 상품이 넘쳐 날수록 결핍과 희소성은 더욱 강해질 뿐이다."[21] 답은 쉼 없이 앞을 향해 도피하는 것이다. 광고 전문지 《프린터스 잉크(Printer's Ink)》에는 "광고는 공장 라인이 공산품들을 토해 내듯이 소비자들을 생산해야 한다."[22]라는 글이 실리기도 했다.

미국 주요 대기업 회장들을 대상으로 한 조사에 따르면, 응답자의 90퍼센트가 광고 없이 신제품을 판매하는 것이 불가능하다고 답했다. 85퍼센트는 광고가 '빈번하게' 필요 없는 물건들을 사도록 사람들을 부추긴다고 답했다. 광고가 실제로 원하지 않는 물건을 사도록 만든다고 대답한 이들도 51퍼센트나 됐다.[23] 한계 없는 성장의 자멸적

악순환의 가장 근본적 요소인 광고는 전 세계적으로 무기 산업 다음으로 규모가 큰 탐욕스러운 산업이다. 2007년 미국의 광고 산업 규모는 3000억 달러에 달했고, 프랑스의 경우 2003년 기준 150억 유로에 달했다. 2004년 프랑스 기업들은 광고에 312억 유로를 쏟아부었다.(프랑스 국내 총생산의 2퍼센트, 의료 보험 적자의 세 배 규모다!) 전 세계적으로는 매년 1조 달러라는 어마어마한 금액이 광고에 투입된다. 브라질 출신의 사회학자이자 철학자인 미카엘 뢰비는 묻는다. "광고 국가, 광고-리바이어던은 그 천문학적인 예산으로 무엇을 하는가? 우리에게 엄청난 양의 광고를 퍼붓는다. 광고가 거리와 벽, 도로, 풍경, 하늘, 산을 도배한다. 우편함과 침실, 주방을 점령한다. 신문, 영화, 텔레비전, 라디오를 지배한다. 스포츠, 노래, 정치, 예술을 오염시킨다. 아침부터 저녁까지, 월요일부터 일요일까지, 1월부터 12월까지, 요람에서 무덤까지, 끊임없이, 쉼 없이, 휴식 없이, 휴지 없이, 중단 없이 우리를 학대하고, 괴롭히고, 귀찮게 한다."[24]

광고는 쉴 새 없이 우리를 쫓아다니며 갖은 수단을 동원하여 괴롭힌다. 광고는 정신과 영혼을 오염시키고, 시각을 오염시키고, 청각을 오염시킨다. 광고는 텔레비전 방송을 '소시지처럼' 조각내 버리고, 아이들의 의식을 조작하고 마비시키며(가장 약한 존재가 가장 우선적으로 피해를 입는다.), 숲을 파괴한다.(1년 동안 평균 40킬로그램의 광고지가 한 가정의 우편함을 채운다.) 결과적으로 소비자들이 그 비용을 지불한다. 그 금액은 1인당 연평균 500유로에 달한다. 프랑스 청소년들은 미국의 청소년들과 마찬가지로 학교 수업 시간보다 더 긴 시간을 텔레비전이나 컴퓨터 화면 앞에서 보낸다. 이들이 교실에 앉아 있는 시간은 연간 30주 동안 매주 20~30시간인 데 반해, 텔레비전을 보거나 비디오 게임을 하는 시간은 52주 동안 60~70일에 달한다.[25] 부모가 관심을 기울일 수 없는 시간, 그러나 학교가 대신하지 못하는 시간은 광고 시스템이 채워 준다. 심지어 미국의 일부 학교에서는 학교 물품 구입비를 내주는 대기업 스폰서의 광고를 포함한 영상물을 교내에서 방영하기도 한다. 고등학생 대상의 소프트 뉴스(soft news)[26] 방송 네트워크 채널 원(Channel One)이 실제로 하는 일이다. 다음은 미국의 사회학자 벤저민 바버의 설명이다. "이 방송은 위틀 커뮤니케이션이 고안했다. 이 회사는 고등학교에 (대여 혹은 임대 방식으로만) 무료로 무선 통신 장비를 제공하고 그 대가로 교실 내 텔레비전을 통해, 총 3분 정도의 노골적인 순수 상업 광고가 삽입된 9분 분량의 소프트 뉴스-오락 프로그램을 방영할 권리를 얻어 냈다. 대부분 예산 부족에 시달리는 도심의 학교들이 이 악마와의 계약을 받아들였다.(미국 전역의 1만 2000개 고등학교에 학생 수는 총 800만 명 정도다.) 이들은 1분이라도 아껴야 하는 학습 시간에, 학교 밖에서 이미 상업 미디어의 공세로 과포화 상태가 된 아이들의 머릿속에 또다시 광고를 욱여넣고 있는 것이다."[27] 상상력의 로보토미(lobotomy),[28] 상상력의 식민화를 야기하는 프로그램이다. 방송사 TF1 사장을 지냈던 파트리크 르레가 당시 이런 현상에 대해 남긴 유명한 말은 우리를 서글프게 만든다.[29]

유대 철학자 귄터 안더스는 "네게 공급되는 것을 필요로 하는 법을 배워라."가 소비주의의 좌우명이라고 말한다. 그 이유는 "상품 공급이 오늘날의 계율이 되었기 때문이다. (……) 구매를 거부하는 것은 판매에 대한 심각한 사보타주, 상품의 정당한 요구에 대한 무시이기 때문이다. 이런 행위는 단지 무례함에 그치지 않고 사실상 절도에 가까운 범죄 행위가 되는 셈이다."[30] 소비주의 논리에 따르면 "도둑 열 명이 금욕주의자 한 명보다 낫다."[31] 상품 사용자들, 즉 소비자들은 이 교훈을 실천에 옮겼다. 1958년 미국이 경기 침체에 빠졌을 때, 슈퍼마켓에서 물건을 훔치는 사례가 급증하여 연간 2억 5000만 달러어치 물건이 도난당했다고 한다.[32] 사정이 이러하니 소비주의에 중독된 환자들이 분노하여 거리로 쏟아져 나와 마치 집단 스포츠를 즐기듯 과잉 소비의 전당들을 약탈하는 것은 놀랄 일도 아니다. 귄터 안더스는 우리가 '네오필리아(neophilia)'[33]에 사로잡혀 있다고 지적한다. 우리 모두는 새로운 미디어가 우리의 의식을 새롭게 세팅하는 '매클루언적(macluhanesque)'[34] 변화를 분명하게 목도하고 있다.[35]

다음으로는, 수입이 충분하지 않은 이들에게 소비의 기회를 제공하고 필요한 자본을 소유하지 않고도 투자를 가능하게 해 주는 화폐와 신용에 대해 살펴보자. 경제 위기가 닥쳐도 신용은 사라지지 않는다. 제너럴 푸드의 사장은 다음과 같이 선언했다. "오늘날, 고객들은 자신이 욕망하는 것을 '곧바로' 손에 넣고 싶어 한다. 그것이 주택, 자동차, 냉장고, 잔디 깎는 기계, 양복, 모자, 여행, 뭐든 상관없다. 그들은 미래의 수입으로 값을 지불한다."[36]

신용은 복리(複利)의 메커니즘에 의해 북반구 국가들에서 강력한 '독재자'로 군림하고 있으며, 남반구에서는 더 파괴적이고 비극적인 방식으로 빚이 '눈덩이처럼 커지는' 자멸적인 악순환을 초래한다.[37] 갈수록 더 많이 요구하는 이 돈의 '악마적인' 논리는 결국 자본의 논리다. 우리는 이탈리아 정치인 조르조 루폴로가 탁월하게 명명한 "복리의 테러"[38] 위협에 직면해 있다. 자기 자본 수익률(ROE), 주주 가치 등 아무리 그럴싸한 이름을 붙여 정당화하든, 가혹한 비용 절감(코스트 킬링, 다운사이징), 재산권 보호를 위한 무리한 입법 강요(생물에 대한 특허권), 독점 구축(마이크로소프트) 등 그 획득 수단이 무엇이든 결국 중요한 것은 이윤이다. 이윤이야말로 다양한 형태로 모습을 바꿔 가며 시장 경제와 자본주의를 이끌어 가는 원동력이다.

무슨 수를 써서라도 이윤을 늘리려는 시도는 생산-소비의 확대와 비용 절감에 의해 실현 가능해진다. 코스트 킬러(cost killer)야말로 이 시대 새로운 영웅이다. 초국적 기업들은 엄청난 연봉, 두둑한 스톡옵션과 골든 패러슈트[39]를 제공하며 이들을 모셔 오느라 혈안이 돼 있다. 대부분 '경제 군사 학교'라고 불러야 마땅할 비즈니스 스쿨을 나온 이 전략가들은 어떻게 하면 최대한 비용을 줄이고 노동자, 하청 업체, 남반구 국가, 고객, 정부와 공공 서비스, 미래 세대, 그리고 무엇보다 자원 공급원인 동시에 쓰레기장이 되어 가는 자연에 그 대가를 떠넘길 수 있을지를 고심한다. 2010년 영국 석유 회사인 BP사의 딥워터 호라이즌 시추선 폭발로 초래된 멕시코 만 석유 누출 사건에서 보듯, 자연은 부수적 피해자로서 대가를 지불한다. 한편 오늘날 모든 자본가, 금융가, 호모 에코노미쿠스[40](어떤 의미에서는 우리 모두)는 평범한 것이 되어 버린 경제적 악에 공모하는 흔해 빠진 범죄자의 모습을 띠는 경향이 있다.[41] 한 명석한 은행가는 다음과 같이 고백했다. "청소년들에게 신용 구매 방법을 가르치는 것은 마약 사용법을 가르쳐 주는 것이나 마찬가지다."[42]

밴스 패커드는 다음과 같이 말한다. "(《세일즈 크레디트 뉴스(Sales Credit News)》에서) 현명한 약혼자들과 어리석은 약혼자들에 관한 우화를 읽었다. 어리석은 약혼자들은 빚 없이 결혼식을 올리고 가정을 꾸릴 수 있을 때까지 체계적으로 저축을 해 나갈 계획을 세운다. 그런데 그들처럼 함께 사는 즐거움을 나중으로 미루는 것은 인생의 가장 아름다운 시기를 그냥 흘려보내는 어리석은 짓이란다. 더욱이 그들 때문에 국가 경제는 몇 년 분의 가족 소비를 잃게 된다는 것이다. 반면, 현명한 약혼자들은 돈이 없다는 이유로 가정을 꾸리는 일을 뒤로 미루지 않는다. 그들은 곧바로 결혼한 후 신용 구매로 신혼여행을 떠나고, 자동차와 주택, 가구를 사들인다. 상업의 전쟁터에 나선 이 영웅들은 국가 산업 생산을 자극하고, 실업 감소에 기여하며, 구매력을 높이고, 삶의 수준을 향상시킨다는 게 이 글의 주장이다."

이어서 밴스 패커드는 다음과 같이 결론짓는데, 1960년대에 나온 이 분석은 지금도 여전히 유효하다. "이 우화는 그들이 행복하게 살고 있는지에 대해서는 아무 말도 해 주지 않는다. 대금 결제가 밀려 파산 위험에 처한 부부들이 사이가 좋을 리 만무하다. 상식적으로 상상할 수 있는 이런 결말은 실제로 여러 조사 결과에 의해 확인되었다.[43]

엄청난 빚에 허덕이는 가정들 중 상당수는 새로 대출을 받아 빚을 막는 무모한 짓도 서슴지 않는다.[44] 2012년 페리구의 한 제2금융업체 사무소 앞을 지나다가 창문에 당당하게 나붙은 광고를 봤다. 매력적인 젊은 여성이 "대출 통합으로 당신의 욕구에 새로운 활력을"이라는 문구에 올라타 슈퍼마켓을 향해 날아가는 사진이었다. 이처럼 '회계 관리'의 전통적 지혜가 뒤집힌 것은 넓게 보면 시간의 압축으로 인해 가능해진 것이다. 이제 미래의 계획은 지체 없이 곧바로 실현되어야 한다. 그리하여 미래는 사라지거나 그 역시 진부한 것이 되어 버린다.

미국의 자동차 시장 대출 규모는 1947년에서 1957년 사이 800퍼센트나 증가했다. 그 후 이른바 닌자(NINJA, no income, no job, no assets, 수입·직업·재산이 없어도 대출 가능)로 불리는 대출 상품의 범람으로 아찔한 규모의 빚더미가 쌓여 2007년 8월 서브프라임 위기가 닥치고 만다. 귄터 안더스는 다음과 같이 지적한다. "상품 공급이 오늘날의 계율이라는 사실을 인정한 이상, 구매력이 없는 이들이 공급된 상품을 구매하는 것은 놀랄 일이 아니다. 그들이 그렇게 하는 이유는 그런 행동이 계율을 어기는 것, 즉 상품을 획득하지 않는 것보다 옳은 일이기 때문이다. 도대체 언제부터 극빈자들이라고 의무가 면제되었는가? 언제부터 무산자, 즉 아무것도 가진 것 없는 이들에게 열외가 허락되었는가? 도덕적 의무가 우리의 성향에 반할지라도 그럴수록 더 그것을 이행해야 한다고 칸트가 역설했듯이, 구매 의무가 우리의 '자산'에 반할지라도, 그럴 수단이 없더라도, 그럴수록 더 우리는 그 의무를 이행해야 한다. 상품의 계율은 정언명법으로 말한다. 이 계율이 '의무(must)'를 선언할 때, 의무와 자산 사이에서 갈등할 수밖에 없는 개인의 불안정한 상황을 내세우는 것은 순전히 감상주의에 불과하다."[45] 그리고 결론은 "우리는 결국에 우리가 필요로 하는 것을 손에 넣는 것이 아니다. 우리는 결국 우리가 가진 것을 필요로 하게 되는 것이다."[46]

마지막으로, 계획적 진부화야말로 성장 사회를 이끌어 가는 소비주의의 절대적 무기다. 우리는 광고를 거부하고 대출을 거절할 수는 있지만 제품의 기술적 결함 앞에서는 대부분 속수무책이 된다. 전기 램프에서부터 안경에 이르기까지 우리 몸의 필수적인 보조 수단이 된 기계나 기구는 특정 부품의 의도된 결함으로 인해 고장을 일으키는 시점이 갈수록 빨라지고 있다. 그러나 새 부품이나 수리가 가능한 곳을 찾는 것은 불가능하다. 설사 찾아낸다 하더라도 동남아시아의 수용소나 다름없는 공장에서 저임금으로 생산된 신제품을 구입하는 것보다 돈이 더 들 수도 있다. 그 결과 쓰레기통과 폐기장에 컴퓨터, 텔레비전, 냉장고, 식기세척기, 디브이디(DVD) 플레이어, 휴대 전화 들이 산더미처럼 쌓여 각종 환경 오염을 유발한다. 매년 제3세계 쓰레기 처리장으로 수출되는 컴퓨터가 1억 5000만 대에 달한다. (나이지리아와 가나로 매달 선박 500척 분량이 수출된다!) 이 쓰레기들 속에는 중금속과 수은, 니켈, 카드뮴, 비소, 납 등의 유독 물질이 포함되어 있지만 보건 기준은 무시된다.[47]

계획적 진부화는 현대 사회를 이해하는 핵심 열쇠 중 하나다. 대부분의 사람들이 구체적으로 경험하는 익숙한 현상임에도, 계획적 진부화라는 표현은 대중적으로 널리 알려져 있지 않다. 계획적 진부화는 정확히 무엇을 지칭하는 말일까? 이 현상은 어디서 시작되어 어떻게 변화해 왔을까? 이 용어가 상대적으로 잘 알려지지 않은 이유는 무엇일까? 이 현상의 파급 범위는 어느 정도일까? 그 한계와 효과는 무엇일까? 이상이 이 작은 책에서 다뤄 보고자 하는 질문들이다.

1 말과 사물 _계획적 진부화의 정의와 성격

20세기에 접어들면서 현대식 가전 기기들이 구식 아궁이와 굴뚝을 대체하기 시작했다. '진부화(obsolescence)'라는 말이 등장한 것은 바로 이때다.[1] 소스타인 베블런은 『유한계급론(*The Theory of the Leisure Class*)』(1899)[2]에서 이 단어를 자주 사용했다. 19세기에는 생산비를 줄이고 수요를 자극하기 위해 양과 질을 속여서 파는 '제품의 위조'에 대해 주로 이야기했다. 언제나 판매를 더 늘리고 싶어 하는 생산자 입장에서는 당연히 제품의 수명, 그중에서도 특히 설비의 수명과 소비, 재구매 주기를 단축하려는 욕심이 들기 마련이다. 유럽에서 성행한 제품의 '위조'는, 이를테면 미국의 계획적 진부화를 낳은 조상 격인 셈이다.

진부화는 크게 기술적 진부화, 심리적 진부화, 계획적 진부화의 세 가지 형태로 구분할 수 있다. 기술적 진부화란 이런저런 개선을 가져오는 기술적 진보 때문에 기계와 설비가 구식으로 전락하는 것을 말한다. 증기 기관차는 마차를 구식으로 만들었고, 같은 방식으로 발판 재봉틀은 핸들 재봉틀을, 전기 재봉틀은 발판 재봉틀을 밀어냈다. 오래전에 이미 뗀석기로 만든 도끼가 구석기 시대의 도끼를 대신했고, 청동기와 철기가 차례로 그 뒤를 이었다. 하지만 이른바 '산업 혁명'이 도래하기 전까지 이런 변화는 수천 년에 걸쳐 서서히 이루어졌다. 본래적 의미의 진부화 현상이 일상화된 것은 모더니티에 의해, 슘페터 식으로 말하면 "창조적 혁신의 열풍"에 의해서다. 심리적 진부화는 기술적 낙후, 실재적인 혁신의 도입 등에 의하지 않고 '은밀한 설득', 즉 광고와 유행에 의해 제품을 구식으로 만들어 버리는 방식이다. 이 경우 예전 제품과 새 제품의 차이는 겉모습, 즉 외양과 디자인의 차이, 심지어는 포장의 차이에 불과하다. 마지막으로 이 책의 중심 주제인 계획적 진부화는 인위적으로 수명을 단축하거나 결함을 삽입하는 방식을 말한다. 제작자가 상품을 설계하는 단계에서부터 특수한 장치 등을 이용해 미리 수명을 제한하는 것이다. 예를 들어 프린터를 제작할 때 인쇄 매수가 1만 8000장이 넘으면 자동으로 작동을 멈추게 하는 마이크로 칩을 삽입한다든지, 제품 보증 기간이 끝나자마자 고장이 나도록 기계를 설계하는 식이다. 이런 새로운 형태의 진부화를 정확히 어떻게 정의할 것인가? 계획적 진부화의 본질은 무엇일까?

1 계획적 진부화란 무엇인가?

케임브리지 대학 수학 교수 찰스 배비지는 1832년 최초로, 당시 아직 용어로 정립되어 있지 않던 기술적 진부화를 산업 혁명의 내재적 현상으로 묘사했다.[3] 그러나 혁신에 따른 상품과 기계의 구식화에만 국한된 정의였다. 고의적이지 않은 진부화의 유일한 형태로서, 프랑스어 사전들에도 이 형태에 대한 정의만이 수록되어 있다. 라루스 사전은 진부화라는 말을 다음과 같이 정의한다. "다양한 가치 하락의 요인 중에서 오로지 기술의 발전으로 인해 기계, 설비 등이 구식으로 전락하여 가치가 하락하는 것." 유럽의 경제학자들은 수요의 가속화된 재생산을 위한 본질적인 요소로서 기술적 혁신만을 연구 대상으로 삼았다. 1958년 출판된 장 로뫼프의 『경제학 사전(*Dictionnaire des sciences économiques*)』은 진부화를 물질적 마모에 대비되는 정신적 마모로 정의한다. "예컨대, 하나의 설비는 생산하면서 마모된다. 감가상각의 목적은 마모된 도구의 갱신이다. 하지만 어떤 도구로 대체하는가? 같은 종류의 도구인가? 많은 경우, 기술적 진보는 더 완전한 기계들을 생산함으로써 새로운 발명 이전에 등장했던 새 기계가 다소나마 구식으로 보이도록 만든다."[4]

'계획적' 진부화 혹은 '계획된' 진부화는 미국에서 발명되어 처음에는 '미국식 생활 방식'과 함께, 나중에는 세계화를 통해 나머지 다른 지역 전체로 확산되었다. 유행이라는 현상과 함께 인류의 역사

만큼이나 오래된 두 번째 형태의 진부화, 즉 심리적, 상징적 진부화는 미국에서 계획적 진부화의 영향을 받아 새로운 형태로 거듭났다. 심리적 진부화가 장 로뫼프의 사전에 등장하는 이유도 그 때문이다. "광고, 유행의 변동, 생활 방식의 변화 역시 제조 설비들을 너무 이른 시점에 낙후된 것으로 만드는 요소들이다. 그 설비들로 만든 제품에 대한 수요가 사라지거나 변화하기 때문이다." 반면 요즘 시중에 나온 경제·경영 사전, 사회 과학 용어집 등은 오로지 기술적 진부화에 대한 정의만을 담고 있다. 모든 전문 사전을 샅샅이 뒤진 것은 아니지만 연구 과정에서 나는 단 한 번도 계획적 진부화에 대한 정의를 발견하지 못했다.

기술적 진부화가 산업의 진보 속에 불가피하게 포함되는 일부이자 모더니티의 내재적 현상이라는 것을 인정한다 해도 나머지 두 형태의 진부화 역시 그렇다고 보기는 힘들다. 진부화의 역사적 전환점은 1923년 제너럴 모터스사가 포드사와 경쟁하기 위해 쉐보레(Chevrolet) 모델을 출시한 순간이었다. 이 모델의 차별점은 기술적 우위가 아니라 겉모습에 있었다. 심리적 혹은 역동적 진부화라 할 만한 것으로, 광고를 통해 소비자를 자극함으로써 2~3년에 한 번씩 다른 모델로 차를 바꾸도록 설득하는 방식이었다. 1928년에는 '진보적(progressive)' 진부화라는 말이 처음 등장했고, 1932년에는 반짝 나타났다가 사라지긴 했지만 심지어 '진부화주의(obsolétisme)'라는 신조어까지 등장했다.

과거 산업계에서 '계획적 진부화'라는 표현을 사용했는지는 확실히 알 수 없지만, 이 표현이 널리 쓰이기 시작한 것은 그 개념을 적극적으로 옹호한 뉴욕의 부동산업자 버나드 런던에 의해서였다. 이 표현은 좁은 의미로, 제품의 수명 단축을 위해 생산자나 설계자가 고의로 결함 있는 부품을 삽입하여 소비자로 하여금 물건을 내다 버리게 만드는 방식을 지칭했다. 그러나 자일스 슬레이드의 정의는 이보다 넓은 의미까지 포함한다. "계획적 진부화는 인위적으로 공산품의 수명을 단축시켜 새로운 소비를 자극하기 위해 사용되는 모든 종류의 기술을 가리키는 포괄적인 개념이다."[5] 사실상 기술적 측면과 상징적 측면을 엄밀하게 분리하기는 쉽지 않다. 소비를 촉진할 수만 있다면 무슨 수단이든 어떤 형태의 진부화든 상관없으며 이른바 넓은 의미의 계획적 진부화 속에 포함될 수 있다. 물론 기술적 결함에 의한 진부화와 유행에 의한 진부화를 구분할 필요는 있다.

1934년에 미국의 문명 비평가 루이스 멈퍼드가 계획적 진부화라는 표현을 언급하지 않으면서 그 현상을 묘사한 것을 보면 당시 이 표현은 아직 대중화되지 않았던 것 같다. 이 표현을 발명한 사람은 1950년대 유명 산업 디자이너 클리퍼드 브룩스 스티븐스로 (잘못) 알려져 있다. 스티븐스는 기술적 개선 없이 규칙적으로 새 모델들을 출시했다. 기존에 사용하던 제품이 아직 쓸 만하더라도 새 모델을 구입하도록 소비자들을 자극하기 위해서였다. 그는 이 방식을 진부화 계획이라고 명명했다. 그와 동시에 기업들은 경쟁의 무기를 얻기 위해서, 소비를 강요하는 수단으로서, 다양한 수준의 기술적 혁신을 달성하기 위한 노력에 광적으로 빠져들었다. 오늘날 전자, 마이크로컴퓨터 등의 분야에서 실제로 목격할 수 있는 현상이다. 이를테면 전자책 단말기, 휴대 전화, 태블릿 PC(아이패드, 아이팟 등)의 신모델 출시 주기는 갈수록 짧아지고 있다.

2 제품이 죽어야 소비 사회가 산다

프랑스의 철학자 장클로드 미셰아는, 양차 대전 사이 미국에 소비 사회가 탄생하면서 계획적 진부화라는 현상이 등장한 것은 결코 우연이 아니며, 일종의 정치적 음모에서 비롯된 것이라고 본다. "1920년대 미국에서 소비(1925년 전구 제조업체 카르텔이 처음 도입한, 모든 생산품의 계획적 진부화를 포함해서), 신용, 유행과 스펙터클의 지속적인 움직임에 기초한 새로운 생활 방식의 의도적 주입은, 대량 생산된 산업 생산물의 국내 판로를 찾기 위한 단순한 경제적 해법으로만 이해되어서는 안 된다. 사실상 미국의 사회학자 스튜어트 유언[6]이 이미 30년 전에 밝혔듯이, 이것은 자유주의 기업가들과 최초의 마케팅 이론가들의 머릿속에서, 당시 위협적이던 '볼셰비즘'에 대적할 정치적 대안을 마련하고 (프랜시스 A. 켈러, 1919) 미국 노동자들에게 '모든 종류의 계급적 사고를 포기'하도록 종용하기 위해 고안된 방안이기도 했다.(에드워드 파일

렌, 1931)"[7]

더 깊은 차원에서 보면, 갈수록 제품들의 폐기 시점을 앞당기는 것은 체제의 필요와도 잘 맞아떨어진다. 몇몇 기업은 마모되지 않는 면도날에 대한 특허를 소유하고 있으면서도 생산을 포기했다. 귄터 안더스는 그 이유를 다음과 같이 설명한다. "왜냐하면 그 제품들이 사실상 지니게 될 불멸성이 생산의 종말을 초래하게 될 것이기 때문이다. 생산이 계속되려면 제품들이 죽어야 한다. (그래서 끊임없는 재구매가 이루어져야 한다.) 즉 생산의 '영생'을 보장하기 위해서는 각 생산물의 죽음이 필요한 것이다."[8]

1936년, 루이스 멈퍼드는 제품 내구성(product durability)에 대한 글을 발표했다. 그는 들여놓은 지 몇 년 되지도 않아 부서져 버리는 가구, 계절이 끝나기도 전에 유행이 지나 버리는 옷 덕분에 오히려 상황이 더욱 나아지는 이들이 있으니 바로 생산자들이라고 말한다.[9] 즉 우리의 구매를 통해 끊임없이 갱신되는 제품들의 죽음 덕분에 성장과 소비의 사회가 목숨을 이어 가는 것이다.

1951년 영국에서 알렉산더 매켄드릭 감독의 SF 영화 「흰 양복의 사나이(*The Man in the White Suit*)」가 개봉되었다. 감독은 기술적 논리와 경제적 논리의 충돌을 극적인 방식으로 형상화하여, 진부화가 경제 시스템을 유지하기 위한 필수적인 요소임을 보여 준다. 화학 엔지니어로 일하는 주인공 시드니 스트래튼(앨릭 기니스 분)은 끊어지지 않는 섬유를 발명한다. 그는 이 섬유를 이용해 영원히 닳지 않고 때도 타지 않는 천을 개발하는 데 성공한다. 자신의 발명에 고무된 그는 이 새로운 천이 의류 산업에 혁명을 가져올 것이며, 모든 사람들이 주기적으로 새 옷을 구매할 필요 없이 단 한 벌의 옷만으로도 살아갈 수 있는 편한 세상이 도래할 것이라는 꿈에 부푼다. 하지만 그는 자본주의 시스템의 논리를 잊고 있었다. 그는 곧 성장이 중단될 위기에 처한 섬유 업계의 로비와 실업 위험에 직면한 노동자들의 항의에 부딪힌다. 그는 자신의 발명품이 폐기 처분될 것이 두려워 특허권 판매를 거부하다가 감금되지만, 자신이 발명한 끊어지지 않는 실에 매달려 탈출하는 데 성공한다. 그 후 쫓고 쫓기는 추격전이 이어지고, 주인공에게는 몹시도 실망스럽지만 모든 이들에게는 다행스럽게도 그가 발명한 천이 찢어지는 일이 발생한다. 그렇게 해서 영구적인 섬유라는 유령은 자취를 감춘다.

코지마 단노리트세르가 영화 「전구 음모 이론」에서 소개한 나일론 스타킹에 관한 실화도 이 SF 영화의 이야기에서 크게 벗어나지 않는다. 1940년 듀폰사는 합성 섬유로 만든 스타킹을 출시했는데, 올이 풀리지 않는 이 제품은 여성들에게 큰 사랑을 받았다. 초창기에 나온 나일론 스타킹은 자동차 한 대를 끌 수 있을 만큼 튼튼하게 만들어져 거의 영구적으로 사용할 수 있었다. 그러나 산업 논리가 스타킹 생산에 적용되는 데는 그리 오랜 시간이 걸리지 않았다. 엔지니어들은 이 기적의 섬유를 덜 질기게 만들어 달라는 주문을 받았다. 스타킹에 죽음의 유전자를 삽입하는 것, 즉 고의로 결함의 시기를 앞당기는 것이 그들의 임무였다. 이 임무는 자외선으로부터 나일론을 보호하기 위해 넣는 첨가물의 양을 조절함으로써 완수되었다. 결국 여성들은 좋든 싫든 규칙적으로 새 스타킹을 구입할 수밖에 없게 되었다.

하지만 장애물도 존재한다. 제조사들 간의 경쟁 때문에 이론상의 계획적 진부화가 실질적인 적용으로 이어지는 과정은 그리 간단하지 않다. 물론 19세기의 악덕 기업주들처럼 부정한 방법으로 제품을 위조하는 방식도 있긴 하다. 하지만 경쟁 상황에서, 라이벌 기업이 제품의 긴 수명을 광고하는데 그보다 확연하게 짧은 수명의 제품을 버젓이 판매한다는 게 가능한 일일까? 따라서 마음 놓고 제품의 수명을 체계적으로 단축할 수 있으려면 독점 상황을 전제할 수밖에 없다. 혹은 담합을 통해 카르텔과 같은 독점적 형태를 만들어 내야 한다.

첫 번째 예는 애플의 아이팟이다. 엘리자베스 프리츠커는 2003년 12월 앤드루 웨슬리의 이름으로 애플을 상대로 집단 소송(class action)을 제기했다. 제조 단계에서부터 이미 수명이 18개월로 제한된 아이팟의 배터리는 수리가 불가능한 구조로 되어 있다. 두 번째 예는 퓌부스 사건[10]과 '1000시간 위원회'다. 독일 학자 헬무트 퓌게가 재구성한, 그리고 코지마 단노리트세르의 영화의 상당 부분을 차지하는 전구 제조업체 카르텔의 담합은 계획적 진부화의 역사상 가장 기념비적인 사건이다. 1881년 에디슨이 만든 최초의 전구는 수명이 1500시간에 달했다. 1920년대 생산된 전구의 평균 수명은 2500시간이었다. 몇몇 제품은 그보다 훨씬 오래갔다. 갈수록 경쟁이 치열해지는 전구 시장에서 수명은 매우 중요한 광고 요소였다. 영화 「전구 음모 이론」은 2001년 캘리포니아 리버모어의 '전구 위원회'가 1901년부터 쉬지 않고 지역 소방대 건물을 밝혀 온 탄소 필라멘트 전구의 100번째 생일을 축하하는 인상적인 장면을 담고 있다. 아돌프 샤이예가 고안한 이 전구는 1895년경 셸비 일렉트릭사에서 수작업으로 유리를 불어서 만든 제품이다. 공장에서 제조된 제품의 수명이 이토록 길 수 있다니 그저 놀라울 따름이다!

제너럴 일렉트릭사 같은 대기업으로서는 이처럼 긴 제품 수명을 용납할 수 없었다. 그리하여 1924년 12월 제너럴 일렉트릭사를 포함한 전구 제조업체 관계자들은 제네바에 모여 전구 수명을 결정하는 회의를 열었다. 이른바 '푀부스 카르텔'이 탄생한 것이다. 회의 결과 전구의 수명을 1000시간 이하로 제한하자는 목표가 정해졌고, '1000시간 위원회'의 감시 활동 덕분에 1940년대에 이르러 그 목표가 달성되었다. 업체들은 심지어 이 사실을 광고에 이용하기까지 했다! 1942년 이들에 대한 소송이 제기되고 11년 만에 미국의 기업들이 처벌을 받았지만 합의가 무효화되지는 않았다. 옛 동독에서 생산되던 수명이 긴 전구 나르바(Narva)는 서구 시장에 진출하지 못했고, 수명이 긴 전구 제작과 관련하여 예전부터 오늘날까지 제출된 특허권들은 모두 매장되었다. 저전압을 사용하는 신형 전구들에도 분명 놀라운 내막이 숨어 있을 게 분명하다.

문제는 푀부스 카르텔과 같은 형태의 담합은 일반적으로 국가가

법으로 금지하고 있다는 점이다. 따라서 다소 은밀하게 진행될 수밖에 없는 이런 방식만으로는 계획적 진부화가 일반화되기 힘들다. 애플의 아이패드처럼, 브랜드 전략을 통해 거의 독점에 가까운 상황을 만들어 내는 것은 이런 상황에 대한 하나의 돌파구가 될 수 있다. 실제로 진정한 혁신보다는 로고와 관련된 특허권이 더 많이 제출된다. 물론 제품 속에 결함 있는 부품을 삽입할 필요도 없이 단지 은밀한 설득, 즉 광고를 통해 기존의 제품을 구식으로 만들 수만 있다면 더할 나위가 없을 것이다. 따라서 클리퍼드 브룩스 스티븐스가 잘 이해했듯이, 상징적 진부화는 계획적 진부화의 최종 단계라고 볼 수 있다.

우리는 계획적 진부화, 상징적 진부화, 기술적 진부화의 실질적인 공존을 목도하고 있다. 이제 이 세 형태를 결합하는 방식으로 여론 조작이 진행된다. 예를 들어 나는 2년간 사용해 오던 컴퓨터가 고장 나면 이를 수리하는 대신 이 기회에 좀 더 성능이 좋은 새 모델을 구입한다. 혹은 반대로, 차가 고장을 일으킬까 봐 두려운 나머지 2년마다 새 차를 구입한다. 치명적인 고장에 대한 두려움은 우리 사회에서 매우 중요한 역할을 수행하며, 대부분의 사람들에게 심각한 공포심을 유발한다. 즉 생활필수품이 되어 버린 기계가 고장을 일으킬 경우 수리할 곳을 찾고 수리 기간 동안 그것 없이 생활해야 한다는 생각만으로 걱정과 불안이 앞서, 방법만 있다면 그 상황을 피하고 싶어지는 것이다. 예전에 사르데냐의 한 가정집의 냉장고가 섭씨 40도에 이르는 폭염에 고장을 일으킨 적이 있었다. 나는 조상 대대로 전해져

내려온 음식 보관 기술을 이용해 그들을 도와주었다. 젊은 세대는 잘 모르는 그 기술을 어머니에게 배워 알고 있던 터였다.

옴베르토 에코는 다음과 같이 썼다. "당신은 오래된 트랜지스터를 던져 버리고 오토 리버스 등 다양한 기능을 갖춘 카세트 라디오를 구입한다. 그러나 설명할 길 없는 내적 구조의 결함으로 인해 이 경이로운 최신 모델은 1년 만에 수명을 다하고 만다. 당신의 새 자동차 역시 사정은 별다르지 않다. 가죽 시트, 차 내부에서 각도 조절이 가능한 사이드 미러, 고급 목재로 만든 계기판이 있으면 무엇하겠는가. 고장이 나도 발길질 한 번으로 시동이 걸리던 영광의 모델 피아트 500(Cinquecento)만도 못한데 말이다." 에코는 단지 화를 내는 데 그치지 않고 철학적 결론에 도달한다. "당시의 도덕이 우리에게 스파르타인이 될 것을 요구했다면, 오늘날은 시바리스인이 되라고 한다."[11]

우리에게는 원래 쓰던 것을 버리고 새것을 사기로 결심하는 심리적 문턱이 있다. 모든 마케팅 작업의 목적은 가능한 이 문턱을 낮추는 데 있다. 옴베르토 에코의 결론은 이 문턱이 이미 상당히 낮아졌다는 것을 보여 준다. 상품에 대한 우리의 중독적 의존증을 보여 주는 이 모든 사례는 계획적 진부화에 대한 반대가 왜 그토록 무기력한지를 어느 정도 설명해 준다.

2 계획적 진부화의 기원과 영역

앞에서 살펴본 두 가지 형태의 계획적 진부화(좁은 의미에서의 계획적 진부화 즉 미리 계산된 기술적 결함과, 유행에 의해 '체계적으로' 제품을 구식으로 만드는 심리적 진부화)는 미국의 발명품이다. 이론의 여지가 없는 사실이다. 하지만 미국 문화의 상당 부분이 그러하듯, 이 역시 유럽에 뿌리를 두고 있다. 이미 말했듯이, 유행은 인류의 역사만큼이나 오래되었으며 그것의 심리적 기초는 인간 본성에 있을 것이다. 한편 판매에 대한 집착, 즉 소비를 촉진하고자 하는 욕망은 산업 자본주의의 내재적 성격인 만큼 당연히 구대륙에도 존재했다. 실제로 유럽에서는 이런 욕망이 제품의 '위조'를 통해 드러나기도 했다. 차이가 있다면 유럽에서는 진부화 계획이 전통과 역사, 윤리라는 장애물에 부딪혀 만개하지 못한 반면, 신대륙에서는 구매자뿐 아니라 판매자를 가로막는 장애물들이 매우 신속하게 제거될 수 있었다는 점이다.

1 계획적 진부화의 등장

계획적 진부화의 기원을 찾기 위해서는 생산자의 태도를 결정짓는 경제 논리뿐 아니라 소비자의 성향도 살펴봐야 한다.

1 인류학적 상수(常數)

계획적 진부화는 어느 날 불쑥 등장한 것이 아니다. 뒤에서 다룰 산업화 시대의 초기 형태들을 제외한다면, 진부화는 모든 인간 사회에서 발견되는 인류학적 차원, 곧 과시하는 기쁨, 소비와 낭비를 즐기는 성향 등을 지닌다. 사치, 화려함, 과시의 선호, 유용성에 대한 경멸뿐 아니라 위대함과 초연함을 과시하는 파괴의 쾌감도 존재했다. 원시 사회의 떠들썩한 축제에서부터 그리스 로마 시대의 에우에르게티즘(euergetism)[1]까지, 브리티시컬럼비아 지역 인디언의 포틀래치(potlatch)[2]에서 북아메리카 악덕 자본가들의 재단(foundation)까지, 경쟁적으로 낭비벽과 사치를 과시하는 경향을 찾아볼 수 있다. 축제적인 열광은 에너지(와 자원)의 분출인 동시에 '에너지 충전'을 위한 훌륭한 수단이었다. 카니발, 대사(大赦), 결혼식, 온갖 향연, 개막식, 다양한 의례, 심지어 가난, 겸손, 금욕을 찬미하는 종교적 의식에 이르기까지, 호사를 전시하고, 지위를 과시하고, 위대함과 관대함을 자랑할 수만 있다면 무엇이든 상관없었다. 이것들은 허영과 자존심의 구체적 표현으로서 그 과정에서 엄청난 자원의 소비를 야기했고 궁극적으로는 탕진(consumation)의 순간을 앞당기기도 했다.[3] 현실을 연구하기 위해 과감하게 추상적인 모델에서 벗어난 소스타인 베블런과 같은 소수의 경제학자들은 공리주의적 소비의 전통적 기능에 어긋나는 이 현상들의 중요성을 간파했다. 이른바 '스놉 효과(snob effect)'라는 것으로, 사치품의 가격이 비쌀수록 오히려 더 잘 팔리는 현상을 말한다. 예컨대 다이아몬드의 가격이 싸다면 누가 그것을 사겠는가? 그들은 또한 '전시 효과(demonstration effect)'라는 것도 발견했다. 소득 대비 수요 곡선을 연구한 결과, 저소득 계층의 수요 곡선은 중산층의 수요 곡선을 모방하는 방식으로 이동하고, 중산층은 상류층의 수요 곡선을 모방하는 방식으로 이동한다는 사실이 드러났다. 이런 과시적 소비 현상에서 드러나는 심리적 성향은 계획적 진부화에 대한 우리의 저항이 왜 그토록 약한지, 왜 결국 심리적 진부화가 쉽게 성공을 거둘 수밖에 없는지에 대해 설명해 준다.

사실상 심리적 진부화는 최근에 등장한 현상이 아니다. 유행은 인류사의 오래된 현상이다. 자료가 남아 있지 않아 신석기 시대 이전에도 유행이라는 것이 존재했는지 증명할 길은 없지만, 문자 시대의 초기 유물들을 통해 유행의 시초를 엿볼 수는 있다. 그리고 문명이 발전함에 따라 유행의 흔적들은 갈수록 풍부하게 드러난다. 로마에서는 의복과 요리, 장식의 유행이 등장했다. 고고학자들은 폼페이에서 네다섯 가지의 장식 스타일이 차례로 유행했음을 밝혀냈다. 상업적 관계가 성립하면서 유행은 더욱 빠른 속도로 교체되었다. 신흥 부자들은 비단옷과 이국적인 향신료를 원했고, 이들로부터 큰 이익을 챙기는 상인들은 그런 소비 성향을 더욱 부채질했다. 생활용품이나 사치품을 제작하는 장인들 역시 좀 더 근사하고 실용적인 신제품을 만들어 소비를 촉진할 필요가 있었다.

보통 간단하게 '유행 효과[4]라고 부르는 심리적 진부화의 형태가 이처럼 산업 시대 이전에 이미 수세기 동안 발전되어 왔다. 루이 13세 양식은 루이 14세 양식으로 대체되었고, 곧이어 루이 15세 양식과 루이 16세 양식이 그 뒤를 이었다. 이윽고 디렉투아르(Directoire) 양식이 대두되었고, 곧 앙피르(Empire) 양식[5]으로 대체되었다. 이런 식으로 기존의 유행은 끊임없이 새 유행에 자리를 내주었다. 그러나 전근대 사회에서 유행 효과가 경제적 삶에 끼치는 영향은 상대적으로 제한적인 수준에 머물렀다. 한편으로는 그 대상이 소수 엘리트에만 국한되었기 때문이고, 다른 한편으로는 과시 성향과 낭비벽이 도덕과 종교뿐 아니라 필요에 따른 습관 등에 의해 억제되었기 때문이다.

2 전통이라는 장애물

오랜 세월 동안 사람들은 인간의 손으로 만들어 낸 기발한 제품들에 열광했다. 유럽인들이 쓰는 담요를 '마니투(manitou)[6]의 가죽', 즉 초자연적 정령의 가죽이라고 믿었던 북아메리카 대초원의 인디언들을 상상해 보라. '선주민들'은 유럽인들과 처음 접촉했을 때 거울이나 장신구, 심지어 못 같은 것에 지대한 관심을 보였다. 아프리카 지역에서의 노예 무역은 3세기 동안 잡화류와 장신구와의 교환을 통해 이루어졌다.

유럽에서는 행상인들이 각 지역과 시골을 돌아다니며 농부들에게 문명의 이기들을 소개했다. 수공업 제품, 벽시계와 손목시계, 다양한 기구를 정성스럽게 관리하면서 대를 이어 가보로 물려주던 우리 조상들의 태도를 떠올려 보라. 물건들을 몇 번이고 꿰매고, 수리하고, 수선하면서, 심지어 깨진 그릇까지 붙여 가면서 사용하던 습관은 오늘날 자취를 감춰 버렸다. 어린 시절 동네 수리공이 깨진 도자기 조각을 끌과 접착제(계란 흰자위에 껍질을 빻아 넣은 것), 꺾쇠 등을 사용하여 붙이는 모습을 구경하던 기억이 난다. 나는 아프리카를 여행하면서 이처럼 물건을 수리하고, 재활용하고, 절약해서 사용하는 태도를 다시 발견했다. 특히 새 물건을 구하기 어려운 오지 마을에서 그런 노력이 두드러졌다. 그들은 깨진 바가지를 수리하고, 해어진 옷을 기워 입고, 통조림 캔으로 등잔불을 만들었다. 물론 아주 사소한 물건까지 수리해서 사용하던 전통적인 아프리카 사회는 사라졌다. 그렇게 살았던 것은 필요 때문이었지만 선택이기도 했다. 물론 소비에 대한 열망 따위는 없었다. 오늘날 우리는 검소한 생활을 제안하는 차원을 넘어서 성장이라는 바이러스의 완전한 퇴치를 목표로 삼아야 한다.

20세기 중반까지만 해도 대부분의 사람들에게 경제란 무엇보다 절약하는 행위를 의미했다. 즉 자연 자원을 아껴 쓰고, 물건을 조심스럽게 다루고, 되도록 버리지 않는 것이었다. 이런 '검약' 정신은 가정에서뿐 아니라 장인들의 공방, 수공업 제작소, 심지어 초기의 공장에서도 찾아볼 수 있었다. 중세의 동업 조합 전통까지 거슬러 올라가는 품질과 내구성의 전통은 오랫동안 구시대 유럽을 지배했다. 이런 윤리는 초기 자본주의, 즉 산업 혁명 이전에 시작되어 그 이후까지 지속된 매뉴팩처 시대에도 살아남았다. 루이 14세 때 재무 장관을 지낸 장 바티스트 콜베르가 도입한 법에 규정된 품질 관련 의무 사항은 실로 놀라울 따름이다. "수공 생산품의 품질에 각별히 신경 써야 한다. 국왕 폐하의 대신이 동업 조합 간부들을 소집하여 규칙을 숙지시킬 것이다. 대신은 그들에게 각 조항에 명시된 의무 사항을 제대로 이행하기 위해 해야 할 일들을 설명할 것이며, 만약 규칙을 위반할 경우 직물을 모두 압수하고 공개적인 자리에서 직물의 단을 해체하는 엄벌에 처함으로써 파산에 이르게 할 것임을 경고할 것이다. (……) 동일한 이름, 종류, 품질의 직물은 전 왕국 어디에서도 길이, 폭, 강도가 동일해야 한다."[7] 이런 규칙들이 존재했다는 것은 당시에 제품 위조의 시도가 있었음을 보여 준다. 하지만 당시 이런 시도들은 관습의 압력과 법령에 의해 저지되어 대규모로 확산되지는 못했다.

3 위조의 시대

계획적 진부화의 조상 격인 제품 위조는 생산 비용을 줄이고, 때로는 덤으로 수요를 촉진하기 위해 질과 양을 속이는 방식이다. 상품의 교환 관계에서 속임수는 언제나 있어 왔다. 그 속에 숨은 법칙은 간단하다. 최대한 싸게 구입해서 최대한 비싸게 파는 것이다. 고객을 살짝 속여서 이익을 늘리려는 유혹을 거부하기는 쉽지 않다. 아리스 토텔레스가 상업을 비판한 이유 중 하나다. 하지만 한 번의 소비로 사라져 버리는 식료품이나, 예술가나 장인의 작업실에서 창조되는 그림 이나 조각 같은 작품의 경우는 저절로 수요가 경신될 것이므로 굳이 일부러 구매 주기를 단축할 필요는 없었다. 따라서 이 경우에는 제품의 결함을 숨기거나 원재료에 대해 거짓말을 하는 속임수가 대부분 이었다. 시라쿠사의 한 금은 세공사가 군주 히에론을 위해 만든 왕관이 좋은 예다. 그의 속임수를 밝혀낸 인물이 그 유명한 아르키메데스다. 그의 이름을 딴 원리 역시 이때 일을 계기로 발견된 것이다. 아르키메데스는 어느 날 욕조에 몸을 담갔다가 흘러넘친 물의 부피에 해당하는 무게만큼 자신의 몸이 가벼워진다는 사실을 발견했다. 그는 곧바로 왕관을 가져와 물에 담근 후, 흘러넘친 물의 무게와 같은 무게의 금덩어리를 넣었을 때 흘러넘친 물의 무게를 비교했다. 이런 식으로 그는 세공사가 왕관을 만들 때 몰래 그 속에 은을 섞었다는 사실을 밝혀냈다.[8]

따라서 제품의 설계 단계에서부터 고의적으로 삽입되는 결함은 사람들이 흔히 말하듯이 대공황에서 처음 비롯된 것은 아니다. 대공황은 단지 그런 방식의 이론화와 체계화를 자극했을 뿐이다. 고의적인 결함은 상업과 상품 교환이 시작되었을 때부터 존재해 왔지만 19세기 들어 극적으로 확산되었다. 과학적 지식이 발전하면서 그것을 남용해 구매자들에게 제품의 성분을 속일 가능성이 더욱 커졌기 때문이다. 이른바 제품의 '위조'다. 예를 들어 우유나 위스키에 물을 넣어 양을 늘린다든지, 값싸고 질 낮은 재료를 사용한다든지 하는 방식들이 사용되었다. 이런 방식으로 제조 비용을 낮출 수 있을 뿐 아니라 소비를 더욱 촉진할 수도 있었다. 한마디로 더 많은 이윤을 남기고 더 많이 소비하도록 하기 위해 제품의 질을 떨어뜨리는 것이다.

초기 사회주의자들은 이런 문제들을 자본주의적 생산 방식을 비판하는 근거로 사용했다. 프랑스의 사상가 샤를 푸리에는 다음과 같이 썼다. "사람들은 인간이 과거보다 속임수를 덜 쓴다고 주장한다. 반세기 전만 해도 우리는 고운 빛의 옷감이나 신선한 먹거리를 값싸게 구입할 수 있었다. 그러나 오늘날은 위조와 사기가 판을 친다. 이제는 농부들도 과거의 상인들처럼 사기꾼이 되어 버렸다. 유제품, 오일, 포도주, 브랜디, 설탕, 커피, 밀가루 등 모든 것이 무분별하게 위조된다. 가난한 사람들은 더는 신선한 먹거리를 구할 수 없게 되었다. 상업적 정신이 모든 마을 구석구석까지 지배하게 된 상황에서 그들이 구할 수 있는 음식이란 천천히 작용하는 독 같은 것들뿐이다."

유토피아를 꿈꾸던 영국의 사상가 윌리엄 모리스는 1894년 11월 18일 한 강연에서 다음과 같이 말했다. "역사의 특정 시기를 지식의 시대, 기사의 시대, 신앙의 시대 등으로 명명하듯이, 나는 이 시대를 '모조품의 시대'라 부르고 싶다." 이 강연의 제목은 바로 '모조품의 시대'[9]였다. "어딜 가나 눈에 띄는 모조품들, 안타깝게도 우리가 그것에 익숙해진다는 사실이 이른바 우리의 문명을 이룬다."[10] 이어서 그는 '과학의 간접적인 타락'을 비판했다. "그중에서도 상인들에게 모든 식료품을 변질시키는 수단을 제공함으로써 가난한 이들을 분노하게 만드는 화학의 발전이 주범이다. 감자로 만든 빵, 베이럼으로 담근 와인, 가짜 식초, 가짜 오일, 가짜 커피, 가짜 설탕, 가짜 인디고 등 이 모든 것들은 식료품과 공산품을 왜곡한다. 더욱이 이 화학 물질들의 잔치는 가난한 이들만을 대상으로 한다. 상업적 이익을 위한 이 발명품들은 오로지 가난한 이들만을 피해자로 만든다. 진실한 관계였다면 유용한 쓰임새를 찾을 수 있었을 이 발명들은 갈수록 큰 해악을 끼치면서 급기야 문명의 종말을 앞당기고 있다."[11] 그리고 다음과 같이 지적했다. "현대 제분업자는 다양한 크기의 밀 알갱이를 곱게 빻아 분필 가루처럼 만드는 것을 가장 이상적이라고 생각한다.(모조품의 고장 미국에서 유입된 생각으로 보인다.) 맛을 좀 희생시키더라도 최대한 곱고 하얀 가루를 만드는 게 목적이기 때문이다."[12] 아나키즘의 최선봉에 섰던 러시아의 표트르 알렉세예비치 크로폿킨 역시 "소비자에게 필요도 없는 물건의 구매를 강요하고 광고를 통해 나쁜 품질의 상품을 판매하는" 자본주의적 낭비를 비판했다.[13]

더 많은 이윤을 얻기 위해 저질의 재료를 사용하는 편법은 오늘날 널리 사용되는 표준과 규제 때문에 훨씬 어려워졌을뿐더러, 대량 생산을 통해 체계적으로 수요를 경신하는 방식에 비해서도 효과가 떨어진다. 그렇다고 자취를 감춘 것은 아니다. 특정 분야에서는 오히

2 계획적 진부화의 기원과 영역

려 기승을 부리고 있다. 캐럴 리드 감독이 그레이엄 그린의 소설을 영화화한 「제3의 사나이(*The Third Man*)」에서 오슨 웰스가 연기한 악당 해리 라임은 물에 희석한 페니실린을 어린 환자들에게 제공하여 죽음에 이르게 한다. 이와 비슷한 경우로, 프랑스에서는 가슴 성형 보형물이 감염을 일으켜 3만 명의 여성들이 목숨을 잃을 뻔했다. 2000년대 가슴 보형물 제조사 PIP는 치열한 경쟁 때문에 판매고가 떨어지자 기존에 사용하던 고품질의 젤보다 열 배나 싼 공업용 실리콘 젤로 제품을 만들기 시작했다. 광고와 제품 설명서는 기존과 동일했다. 덕분에 이 회사는 연간 100만 유로가 넘는 이익을 챙길 수 있었다. 반면 PIP에서 생산한 가슴 성형 보형물로 시술을 받은 여성들은 심각한 위험에 처했고 앞으로도 오랫동안 새로운 환자가 발생할 가능성이 남아 있다. 프랑스의 한 병원에서 에이즈의 원인인 레트로바이러스에 감염되었을 가능성이 있는 혈액을 지속적으로 환자들에게 수혈한 사건이 일어났는데, 이처럼 공공 기관이 하는 일 역시 앞서 살펴본 상업적 편법과 크게 다르지 않다. 최근에는 시미레크라는 회사가 수년간 폴리클로로바이페닐이 함유된 오일을 유통시킨 혐의로 기소되는 사건이 발생했다.[14]

윌리엄 모리스가 고용에 미치는 긍정적인 측면을 고려하지 않고 제품의 위조를 비판한 반면, 카를 마르크스의 사위 폴 라파르그는 일찍이 끝없는 생산량의 증가와 제품의 내구성 사이의 모순을 간파했다. "리옹에서는 비단실을 본래의 형태 그대로 자연스럽게 내버려 두지 않고 무게를 늘리기 위해 미네랄 소금을 첨가하기 때문에 강도가 약해져서 쓸모가 없어져 버린다. 이제 모든 제품들은 더 많이 판매하고 수명을 단축시키기 위해 위조된다. 예전 시대가 생산 방식에 따라 '석기 시대', '청동기 시대' 등으로 불렸듯이 우리의 시대는 훗날 '위조의 시대'라고 불리게 될 것이다." 그러고는 다음과 같이 비꼬았다. "잘 모르는 사람들은 경애하는 우리의 산업가 나리들을 비난하지만, 사실상 그들의 의도는 손 놓고 앉아 있으면 생계를 이어 갈 수 없는 노동자들에게 일자리를 제공하는 것이다."[15] 그러고는 매우 냉소적인 유머를 구사하며 나중에 대공황이 도래했을 때 버나드 런던이 제기하게 될 견해와 동일한 주장을 피력했다. "제품의 위조는 오직 인도주의적 감정에 따라 이루어지지만, 제조자들에게 엄청난 이윤을 가져다주고, 제품의 품질에는 심각한 문제를 야기하며, 인간 노동의 낭비를 유발한다. 한편 이 위조 행위는 부르주아들이 얼마나 기발하게 박애주의적인지, 노동자들이 얼마나 탐욕스럽게 노동을 갈구하는지, 그리하여 어떻게 산업가들로 하여금 양심의 외침에 귀 막고 정직한 상거래 원칙까지 저버리게 만드는지를 보여 준다."

　수공업 생산과 일용품 등 제한된 품목의 제품 생산에서 성행하는 위조는 산업 생산이 내구재 대량 생산의 형태를 취하는 순간 앞에서 살펴본 의학 분야의 사건에서처럼 그야말로 참혹한 결과를 야기할 수도 있다. 무기, 운송 기계, 의약품 등을 생산할 때 결함이 생긴다면 그것은 사실상 부정 혹은 범죄 행위나 다름없다. 따라서 이런 경우 소비를 촉진하기 위해서는 제품의 수명을 단축하는 수밖에 없다. 미국의 경제학자 스튜어트 체이스는 1925년에 펴낸 『낭비의 비극 (The Tragedy of Waste)』에서 옷, 타이어 등을 생산할 때 "가능한 한 수명이 짧은 재료들을 사용한다."라고 지적했다. 계획적 진부화의 관점으로 제품의 위조를 바라본 것이다.

4 사고방식의 전환

1930년대까지만 해도 미국을 포함한 모든 곳에서, 가정의 살림과 기업의 제조 방식 등 모든 차원에서 좋은 품질과 이른바 '내구성의 윤리'가 존중받는 분위기가 지배적이었다. 기업가 정신으로 무장한 산업 자본가들은 자랑스럽게 내놓을 수 있는 튼튼한 물건을 만들기를 원했다. 전형적인 예는 포드가 만든 모델 T다. 하지만 대량 생산된 공산품 중 가장 긴 수명을 기록한 예는 앞에서도 언급한 탄소 필라멘트 전구일 것이다. 아무리 오래 써도 끄떡없는 튼튼한 제품을 만드는 것을 소명으로 여기는 엔지니어들에게 일부러 약한 제품을 고안하라고 주문하는 것은 그리 쉬운 일이 아니었다. 하지만 갈수록 '영업'의 역할이 중요해지는 대기업에서 저항에 지친 엔지니어들은 점차적으로 '디자이너' 같은 존재가 되어 갔다. 애초부터 비즈니스의 목적은 이윤 창출이 아니었던가.

소비자들의 사고방식을 변형시키는 것, 즉 점점 일찍 물건을 내다 버리게 만들고 낭비를 엄수해야 할 의무 사항처럼 강요하기 위해서는 더 긴 시간이 필요했다. 근검과 절약 정신은 광고나 소비 촉진 캠페인 등에 의해 주춤하다가도 소비자들의 무의식 속에 남아 있다가 전쟁이나 경제 위기로 물자 부족 사태가 벌어지면 다시 힘을 발휘하곤 했다. 양차 세계 대전 동안 식민지 모국으로부터 물자 공급이 중단된 지역들의 상황이 좋은 예다. 그곳 주민들은 이미 가지고 있던 물건들을 완전히 못쓰게 될 때까지 아껴 썼으며, 손에 넣을 수 있는 재료들을 이용해서 임시변통으로 유사한 물건들을 만들어 써야 했다. 그래도 모든 게 그럭저럭 잘 굴러갔다. 무솔리니 통치하의 이탈리아에서 이루어졌던 자급 경제는 보다 좋은 예다. 원재료의 극심한 부족 사태에 직면하자 정부와 산업계는 체계적으로 물자를 재활용했고 제품의 수명 연장은 애국적인 의무로 여겨졌다. 전시 경제의 물자 부족 사태 덕분에 엔지니어들은 다시금 영업부 직원들로부터 자신의 자리를 되찾았다. 판로 확보는 더 이상 문제가 안 되었기 때문이다. 그 후 번영의 시기가 도래하고 과잉 생산의 위험에 직면했을 때에야 마케팅은 비로소 자신의 권력을 되찾을 수 있었다.[16]

미국의 상황은 더 어렵고 복잡했다. 소비 사회의 발전을 방해하는 청교도 정신이 지배하던 미국에서는 황금기 유럽에서 발전한 후 현대 디자인의 시초가 된 장식 미술에 대한 거부감이 있었다. 그러나 자원이 풍족해서 낭비와 과소비의 경향도 함께 존재했다. 뉴욕 주역사협회(NYSHA) 회장 루이스 존스는 다음과 같이 지적했다. "건국 초기와 19세기, 미국인들은 자연 자원을 마음껏 사용했다. 당시에는 어디를 가도 쉽게 들소를 잡고 목재를 구할 수 있었다. 자원을 낭비하는 습관은 혁명 이후 지금까지 미국의 역사를 가로질러 온 선명한 특징 중 하나다."[17] 하지만 벤저민 프랭클린의 청교도 전통 속에서 미국인들이 항상 자신들을 절약과 근면, 신에 대한 외경심, 미래를 위한 희생을 실천하는 국민으로 여긴다는 지적도 있었다.[18] 모티베이셔널 리서치 연구소의 어니스트 디히터는 미국인들이 삶을 고통과 번민, 비애의 연속으로 묘사하는 도덕적 개념과 전통의 거미줄에 포박된 존재라고 보았다. 그는 이 모든 것을 바꿔야 한다고 주장했다. "더 이상 명랑함과 즐거움, 행복이 비도덕적인 것으로 간주되어서는 안 된다. (……) 편안한 삶이라는 '짐'을 감당하는 법을 배우는 것이야말로 이 시대 가장 흥미로운 심리적 문제 중 하나다."[19] 이 쾌락의 사도들은 개혁자의 얼굴을 하고 표적 광고 등을 통해 소비의 복음을 전파하고 나섰다. 수치심에 기초한 광고의 기본 개념은 체면을 유지하고자 하는 욕망을 조작하면 과시적 소비를 유도할 수 있다는 것을 보여 준다. 밴스 패커드는 이런 현상을 묘사하기 위해 심지어 '조작주의(manipulationism)'[20]라는 말까지 만들어 냈다!

새로운 종교는 결국 완벽한 승리를 거두었으며, 이를 위해 동원된 모든 기술은 근검과 절약의 청교도적 콤플렉스로부터 미국인들을 해방시켜 주었다.[21] 브랜드 연구자 피에르 마르티노는 그 결과 완전한 전복이 이루어졌다고 주장한다. 안전과 절약에 기초한 삶의 개념이 즉각적인 만족을 위한 소비적 태도에 자리를 내준 것이다.[22]

2 계획적 진부화의 영역

계획적 진부화라는 표현이 최초로 사용된 시점을 밝혀내는 일은 그 현상이 처음으로 등장한 시기를 찾는 것보다 상대적으로 쉬운 편이다. 계획적 진부화 현상은 그 표현이 등장하기 전부터 존재했기 때문이기도 하고, 의심할 여지없이 미국에서 전성기를 맞기는 했지만 앞에서 살펴봤듯이 그 초보적 형태는 유럽에서 비롯되었기 때문이다. 판매에 대한 집착이 현재의 수준으로 나타난 것은 19세기 말이다. 사실상 진부화가 계획적으로 이루어지고 있다고 말할 수 있으려면 최초의 '일회용' 제품이 등장할 때까지 기다려야 했다. 제품 수명 단축의 논리가 점차적으로 확산되어 산업 생산 전체를 지배하게 된 것도 이때부터다. 이 정복의 과정은 다음 다섯 단계로 구분할 수 있다. 개인 용품 분야에서 최초의 일회용 제품 등장, '디트로이트 모델'의 탄생, 본래적 의미의 계획적 진부화의 발전, 유통 기한의 도래 혹은 '새로운 일회용 제품'의 성공, 음식의 진부화가 그것이다. 이 일회용 제품의 제국은 마침내 인간마저 그 대상으로 삼게 되었다. 이 과정이 계속 진행된다면 어느 날엔가는 인간도 진부해져 버리는 날이 오지 않을까?

1 '일회용 제품'의 등장

일회용 제품은 유럽 출신 이민자들이 대규모로 쏟아져 들어오던 시기 미국에서 처음으로 등장했다. 독신 남성들을 위한 종이로 만든 셔츠 깃과 가슴받이가 최초의 제품이었다. 1872년 이미 미국에서 생산된 세탁 불가능한 셔츠 깃과 소매는 1억 5000만 개에 달했다. 1880년대에 생산된 초기의 일회용 제품 중에는 고무와 라텍스로 만든 콘돔도 포함되어 있었다.[23] 자일스 슬레이드가 매우 적절하게 '반복적 소비'라고 명명한 현상은 위생과 편리함을 강조하는 광고 문구와 함께 판매되던 개인 용품 생산 분야에서 가장 두드러졌다. 윌리엄 페인터가 병뚜껑을 발명한 것을 보고 용기를 얻은 킹 캠프 질레트는 그로부터 5년 후인 1895년 일회용 면도기를 발명했다. 당시 확장 일로에 있던 일회용 제품 생산 분야에서 중요한 소비층으로 부상하던 여성들을 겨냥한 신제품과 광고가 쏟아져 나오기 시작했다. 1920년 킴벌리클라크는 일회용 생리대를 내놓았고, 1924년 말 앨버트 래스커는 크리넥스를 출시했다. 제1차 세계 대전 중에 쌓인 코튼 셀룰로오스 재고를 처리할 목적으로 개발된 이 두 제품이 그 후 얼마나 큰 성공을 거두었는지는 굳이 설명할 필요도 없을 것이다. 1934년에는 상업 브랜드 탐팍스(Tampax)라는 이름으로 더 잘 알려진 탐폰이 등장하여 생리 때문에 겪는 불편함에서 여성들을 해방시켜 주었다. 이때부터 여성들은 전통적인 천 생리대를 더는 사용하지 않게 되었다.

1901년 워터버리와 잉거솔 두 회사에서 출시한 1달러짜리 회중시계 역시 일종의 일회용 제품으로 볼 수 있다. 대부분의 사용자들이 시계가 고장 나면 수리를 하느라 시간을 낭비하느니 새로 하나 구입하는 편을 택했기 때문이다. 그전까지 회중시계는 일종의 사치품으로서 정성스럽게 관리해 가면서 사용하는 물건으로 간주되던 터였다. 새 제품 구입을 결심하는 문턱이 처음으로 낮아지는 순간이었다. 그런 의미에서 이 제품은 가전제품과 컴퓨터 등까지 포함하는 오늘날의 일회용 제품의 맹아적 형태였던 셈이다. 획기적인 생산비 절감이 아니었다면 불가능했을 이 상업적 혁신은 1914년을 넘기지 못했다. 이 두 회사의 제품은 사실상 계획되지 않은 진부화에 직면했다. 그후 제1차 세계 대전이 끝날 무렵 유행하기 시작한 손목시계가 역시 일회용품이 되기까지는 1960년대까지 기다려야 했다. 이제 손목시계가 수집가의 진열장 속에 보관된 회중시계의 뒤를 잇게 된 것이다.[24]

2 디트로이트 모델

20세기 초 화려하게 등장한 계획적 진부화가 중요한 위치를 차지하게 된 것은 1920년대에 이르러서였다. 보스턴 백화점 업계의 대부 에드워드 파일렌은 "소비자들의 흐름을 유지하거나 증가시키기 위해서는 어떤 방식으로 판매를 조직해야 할까?"라고 자문했다. 그의 머릿속에 떠오른 첫 번째 답은 상표와 포장이었고, 두 번째 답은 일회용 제품이었다.

과거에는 고도의 기술로 제작된 값비싼 사치품으로서 소수 엘리트만이 사용하는 내구재였던 자동차가 유행에 따라 교체 가능한 기계로 변모한 일은 계획적 진부화의 발전과 브랜드 프로모션에 결정적인 전환점이 되었다. 산업계의 두 거물, 포드사의 헨리 포드와 제너럴 모터스사의 앨프리드 슬론 사이의 치열한 경쟁이 발단이었다. 포드는 대량 생산의 이점을 잘 알고 있었다. 그는 시카고의 도살장에서 발견한 체인 생산 방식을 자동차 조립 라인에 적용함으로써 생산비를 획기적으로 절감하여 봉급 수준이 높은 노동자가 자사 제품을 구입할 수 있을 정도까지 가격을 낮추는 데 성공했다. 그러나 청교도적 교육을 받고 성장한 그는 당연히 튼튼하고 오래가는 물건을 만들어야 한다는 생각을 고수했다. 자동차는 한 번 쓰고 버리는 종이 셔츠 깃과 달리 오랫동안 사용하는 물건이므로 튼튼하게 만들어야만 했다.

1923년, 앨프리드 슬론은 포드사의 모델 T의 아성에 도전장을 내민다. 그는 자사의 기술력이 포드사를 능가할 수 없다는 사실을 잘 알고 있었다. 대신 그에게는 뛰어난 마케팅 능력이 있었다. 이윤 창출의 측면에서 심리적 진부화는 기술적 진부화보다 중요한 역할을 한다. 비용도 더 적게 들뿐더러 일종의 주문 생산이 가능하다.[25] 여성 고객들은 이런 변화에 매우 중요한 역할을 수행했다. 이유는 간단했다. 포드사 모델 T는 조작도 어렵고(기동 핸들을 돌려 시동을 걸어야 했다.) 승차감도 좋지 않았다. 차체 모양이나 색상도 별로 매력을 끌지 못했다. 헨리 포드는 그 색이 검은색이기만 하다면 고객이 원하는 색으로 차를 칠해 주겠다고 농담을 하기까지 했다. 제너럴 모터스사는 매년 신모델을 출시하고 미국인들이 3년에 한 번씩 차를 바꾸도록 만들겠다고 공언했다. 3년은 고객들이 이미 타고 다니는 차의 할부 빚을 모두 갚는 데 걸리는 기간이었다. 전투는 치열했다. 포드는 격렬히 저항했지만 몇 차례의 패배를 경험한 끝에 1932년 결국 경쟁사의 전략을 채택하기에 이르렀다. 제너럴 모터스사의 캐딜락 부서에서 일했던 할리 얼은 훗날 다음과 같이 회고했다. "우리의 주요 임무는 진부화를 앞당기는 것이었다. 1934년 새 자동차 구입 주기는 평균 5년이었다. 지금(1955년)은 2년으로 줄었다. 앞으로 1년까지 줄어들면 이상적인 성과를 낼 수 있을 것이다."[26]

앞에서 살펴본 전구 제조 회사 카르텔과 '1000시간 위원회'가 등장한 것도 바로 이 시기다. 자동차 산업은 브랜드, 디자인, 광고를 동원한 전략을 통해 고의적으로 기술적 결함을 삽입했을 때와 똑같은 효과를 얻을 수 있다는 것을 보여 주었다. 이런 식으로 다양한 진부화의 형태가 함께 동원되기 시작했다.

3 진보적 진부화

1928년 광고인 저스터스 조지 프레더릭은 잡지 《어드버타이징 앤드 셀링(Advertising and Selling)》에 기고한 글에서 최초로 '진보적' 진부화의 개념을 도입했다. "우리는 소비자들이 자동차, 라디오, 옷 등과 같은 소비재 상품을 동일한 원칙에 따라 구입하도록 유도해야 한다. 다시 말해, 그것들을 사용하기 위해서라기보다 되팔거나 금세 내다 버리기 위해서 구입하도록 만들어야 한다. (……) 진보적 진부화의 원리는 유능해지고 최신 유행에 발맞추기 위해 물건을 구매하는 것, (……) 물건을 마지막 순간까지 사용하기 위해서가 아니라 현대성의 감각을 갖추기 위해 구매하는 것이다."[27] 그는 매년 신모델을 출시하는 앨프리드 슬론의 방식을 일반화하여 반복적인 소비를 촉진함으로써 다른 모든 산업 분야가 함께 성장할 수 있기를 바랐다.

프레더릭은 광고인 폴 마주와 경제학자 조지프 슘페터의 이론에서 영향을 받았다. 슘페터는 미국에서, 경제가 어떤 순환 주기를 따르는지, 위기의 순간이 도래했을 때 창조적 파괴로서의 이노베이션이 어떤 역할을 수행하는지 등에 대해 가르쳤다. 프레더릭은 슘페터의 이론에 심리적 진부화 개념을 덧붙였다. 폴 마주 역시 슘페터의 이론을 받아들였지만 그보다 더 멀리까지 나아갔다. 1928년 뉴욕 광고인 클럽에서 심리적 진부화에 대한 자신의 생각을 발표한 후 같은 해 3월 그는 『미국의 번영: 원인과 결과(*American Prosperity: Its Causes and Consequence*)』라는 제목의 책을 출판했다. 소비자들이 새 제품을 구입하기 위해 기존 제품을 다 쓸 때까지 기다리는 시간이 미국 산업계의 입장에서 너무 길다는 것이 그의 생각이었다.

경영의 사도들은 그리하여 진부화라는 새로운 가계의 신(神)을 받들어 모시기 시작했다.[28] 1929년 조지 프레더릭의 부인 크리스틴 프레더릭은 스테디셀러가 된 『여성 소비자 팔기(*Selling Mrs. Consumer*)』를 펴냈다. 그는 여성이 남성보다 훨씬 많은 개인 용품을 구입한다고 지적했다. 즉 남성보다 훨씬 자연스럽게, 빠른 주기로 진부화의 원리를 실천한다는 것이다.[29] 이처럼 1930년대 진부화는 적용 분야가 광범위하게 확대되면서 친숙한 개념으로 자리 잡았다. '진보적'이라는 수식어는 금세 잊혔지만 그 말이 지시하는 관행은 확산되었다. 각 기업들의 비즈니스 전략은 갈수록 스타일의 진부화에 초점을 맞춰 구상되었다. 그 대상도 라디오, 카메라, 가구, 주방 용품, 남성화, 배관 부품, 은제품, 필기구, 라이터, 화장품 세트 등 매우 다양해졌다. 불황이 닥치자 이런 움직임은 더욱 가속화되었다. 이제 엔지니어 대신 디자이너들이 미국 산업계를 이끌어 가기 시작했다.

1932년 디자이너 로이 셸턴과 에그몬트 아렌스는 물건을 내다 버리는 것에 대해 얘기할 때 부정적인 뉘앙스를 풍기지 않는 방법을 고민했다. 그렇게 해서 '진보적 폐기' 혹은 '창조적 쓰레기'라는 표현이 탄생했다. 그들은 "물건을 사용한다고 번영이 오지는 않는다. 하지만 물건을 구매하면 반드시 번영이 온다."라고 말했다. 그들은 '진부화주의'[30]라는 신조어까지 만들어 냈다. "한 소매상은 영구적으로 사용할 수 있는 물건은 더 이상 없다. 반(半)영구적인 물건만이 존재할 뿐이라고 말했다. 그는 '반'을 힘주어 강조했다."

밴스 패커드가 창간한 잡지 《홈 퍼니싱스 데일리(*Home Furnishings Daily*)》는 가장 쉽게 고장 나는 가전제품 목록을 조사해서 발표했다. 아래 목록만 봐도 계획적 진부화가 얼마나 다양한 영역으로 확산되었는지 짐작할 수 있다.

1 세탁기

2 냉장고

3 빨래 건조기

4 텔레비전

5 건조 겸용 세탁기

6 레인지와 오븐

7 에어컨

8 냉동고

가전제품을 더욱 정밀하게 만드는 것 역시 계획적 진부화의 전략에 속한다. 필요 이상의 부품들이 자꾸 추가되다 보니 잔고장만으로 제품 전체를 못쓰게 되는 경우도 많다.[31] 아이팟의 배터리 고장 문제와 관련해 이미 살펴봤듯이 작은 부품의 고장이 새 제품 구매를 유도한다. 전문가들은 그중에서도 가장 조심해야 할 가전제품으로 토스터, 다리미, 커피 머신을 든다. 이 제품들에 공통적으로 들어가는 온도 조절 장치가 고장을 자주 일으키기 때문이다.[32]

나 역시 이 책의 집필을 마무리하기 위해 피레네의 집으로 떠나려던 순간 이와 비슷한 문제로 골치를 썩인 적이 있다. 차에 짐을 모두 싣고 이제 시동 거는 일만 남은 순간이었다. 그런데 창문이 올라가지 않았다. 여러 번 시도해 봤지만 소용이 없었다. 불과 몇 년 전만 해도 손으로 핸들을 돌려 차창을 올려야 했지만 이제는 버튼 하나로 가능한 시대가 되었다. 하지만 자동 장치는 말을 듣지 않았다. 이미 이런저런 잔고장에 시달리던 나는 결국 이 일을 계기로 15만 킬로미터 주행 후에도 엔진이 끄떡없던 차를 바꾸기로 결심했다.

세탁기를 지금보다 튼튼하게 만들 수 있다는 것은 제조사들도 인정한다. (자동차 창 개폐 장치도 마찬가지일 터이다.) 하지만 같은 가격으로 그런 세탁기를 만들려면 멋진 외관과 불필요한 기능들은 포기해야 한다.[33] 더욱이 그런 식으로 물건을 만들어서는 경쟁에서 살아남기 힘들다. 요즘 소비자들은 이런 새로운 형태의 제품 위조를 상당히 관대하게 받아들인다.

4 유통 기한의 도래

일회용 제품이 공산품의 중요한 일부로서 일반화되기 위해서는 두 가지 조건이 충족되어야 했다. 우선 소비자들의 절약 습관이 사라져야 했고, 다음으로는 상품 가치가 상당한 수준까지 낮아져야 했다. 첫 단계로 절약에 반대하는 운동과 보수적인 경향이 대두했고, 두 번째 단계로 심리적 진부화 혹은 유행에 따른 진부화가 중심적인 흐름으로 자리 잡았다.[34] 앞에서 살펴봤듯이, 소비를 장려하는 프로파간다는 미국의 구시대적 유물인 청교도적 관습을 밀어내는 데 성공했다. 공산품의 가치 하락은 테일러와 포드가 도입한 값싼 미숙련 노동자들에 의한 라인 생산이라는 과학적 노동 조직 방식에 의해 실현되었다. 또한 일본 등 새로운 경쟁자들의 등장도 생산 비용의 엄청난 감소를 추동한 요인이었다. 오늘날 고갈되어 가는 자연 자원을 지키기 위해 체계적으로 절약 정책을 펼쳐야 하는 마당에, 세계화와 중국의 부상으로 일회용 제품의 생산은 오히려 폭발적으로 증가하고 있다.

1935년 오스트리아 공학자 파울 아이슬러에 의해 인쇄 회로가 발명되고, 1947년 트랜지스터가 발명된 후 라디오 역시 일회용 상품이 되어 버렸다. 회로기판이 너무 작아서 고장이 나도 손으로 수리하는 게 거의 불가능해졌기 때문이다. 모토로라는 1950년대 휴대용 라디오를 출시하면서 수리가 불가능한 제품의 시대를 열었다. 계획적 진부화가 '유통 기한'이라는 보조적 차원을 획득하게 된 것도 바로 이 때다. 그리고 얼마 지나지 않아 유통 기한이라는 말은 실제로 본래 의미(death dating)를 가리키게 되었다.[35] 존 케네스 갤브레이스의 제자 시어도어 레빗은 다윈이 밝혀낸 종의 멸종 프로세스에서 영감을 받아 '제품의 라이프 사이클(product life cycle)'이라는 표현을 생각해 냈다. 이렇게 계획적 진부화는 일종의 자연적 현상으로 자리 잡았다.

계획적 진부화와 일회용 제품의 이데올로기는 그 후 예상치 못했던 영역까지 침투하기에 이른다. 그중 하나가 바로 문화였다. 예를 들면 1930년대 가격 인하와 각종 지원 정책, 베스트셀러의 등장 등에 힘입어 영화와 책 소비가 급증하기 시작했다.

1950년경, 제너럴 모터스사의 할리 얼은 가정용품 제조업체 관계자들을 초청하여 영원한 번영을 여는 마법의 주문을 일러 주었다. "계획된 유행을 다른 분야에도 도입할 수 있다면 산업계에 큰 기회가 될 것이다."[36] 이른바 '디트로이트의 영향'이라는 개념이었다. 단지 최신 유행하는 주방을 갖고 싶다는 이유로 기술적 필요 없이도 주방 전체를 뜯어고치게 만들어야 한다. 그게 가능하다면 집 전체를 그렇게 하지 말란 법도 없다. 미국의 최대 건설 회사 중 한 곳을 경영하던 이의 머릿속에서 떠오른 생각이었다. 그 회사는 6개월마다 새로운 방갈로 모델을 출시했다.[37] 심지어는 종이로 만든 텐트와 침낭 등 일회용 캠핑 용품까지 등장했다.[38] 밴스 패커드가 상상한 과잉 생산의 유토피아와 크게 다르지 않은 세계가 출현한 것이다. 그곳에서는 "매년 봄과 가을, 풀 먹인 종이로 세운 집을 허물고 새로 짓는다. 그렇게 대청소의 수고를 덜 수 있다." (생산업체들에게) 꿈 같은 이 세계에서 특수 플라스틱으로 만든 자동차들은 주행 거리가 6000킬로미터가 넘으면 곧바로 폐기 처분된다. 오래된 자동차를 가지고 오는 이들은 100달러 가치의 '확장을 통한 번영' 국고 채권을 받는다. 네 대 이상의 자동차를 반납한 가족은 추가 수당도 받을 수 있다. 이번에도 픽션은 여지없이 현실이 되었다. 몇 년 전부터 프랑스를 포함한 일부 선진국에서 시행하고 있는 '폐차 장려금' 제도와 정확히 일치하기 때문이다. 당국은 새 모델의 자동차들은 연비가 더 좋으므로 환경을 위해서도 좋은 일이라고 광고한다. 틀린 말은 아니다. 하지만 에너지를 많이 소비하는 온갖 부차적인 장치를 다 떼어 낸다면 더 좋을 것이다. 그리고 헌 차의 폐차로 인해 발생하는 에너지 낭비를 벌충하려면 새로 구입한 차를 수십 년은 몰아야 한다. 어찌 되었든 소비자들은 반은 피해자,

반은 공범자로서 싼값에 올바른 환경 의식을 구매하고 있는 셈이다.

5 음식의 진부화

1960년대 플라스틱으로 만든 다양한 포장, 그릇, 용기 들이 쏟아져 나오면서 일상 습관에 혁명적인 변화가 찾아왔으며, 소비자들의 암묵적인 동의 혹은 열렬한 성원 속에서 일회용 제품들이 폭발적으로 증가했다. 용기에 보증금을 물리는 제도가 사라진 것은 플라스틱의 등장 때문이라기보다는 시대적 풍조의 변화 때문이었다. 북아메리카에서 집집마다 배달되던 1갤런(3.785리터)[39] 크기의 플라스틱 우유통에 대해 보증금을 지불하는 제도가 오랫동안 유지된 것만 봐도 알 수 있다. 그러나 자원을 소중히 여기는 태도가 반영된 이 보증금 제도는 이제 진부한 것이 되어 버렸다. 음료수, 요구르트, 잼, 과일이나 야채 절임 등을 담는 데 쓰는 자기 항아리, 옹기 단지, 유리병과 각종 용기 등도 일회용 제품이 되어 버렸다. 미국에서 우유 용기 보증금 제도가 유지되는 것은 매우 예외적인 경우에 속한다. 이제는 알루미늄 캔, 양철통, 유리병, 나무 상자 등 다양한 재질의 용기들 모두 일회용 신세를 면할 수 없게 되었다. 특히 대량 유통되는 상품일수록 일회용 포장재를 선호하다 보니 쓰레기의 급격한 증가라는 문제가 대두되었다. 이렇게 식료품의 계획적 진부화로 가는 길이 열리게 된 것이다.[40]

밴스 패커드뿐 아니라 자일스 슬레이드도 식료품에 도입된 유통 기한이 얼마나 큰 성공을 거두게 될지 예상하지 못했다. 이유는 다음

세 가지다. 우선, 최근의 현상이었기 때문이다.(패커드의 책이 출판된 후에 등장했다.) 다음으로는, 슬레이드가 연구 대상으로 삼은 내구재 종류에 포함되지 않은 매우 특수한 형태의 낭비, 즉 계획적 진부화의 전형적인 예와 거리가 먼 경우였기 때문이다. 마지막으로는, 유럽에서 유럽 연합의 규정들, 공동 농업 정책(CAP), 대량 유통 체인의 비약적 발전 덕분에 새로운 일회용 상품으로서 식료품 소비가 급격히 증가했기 때문이다. 이탈리아, 프랑스, 영국을 포함한 유럽 여러 나라에서 진행된 조사 결과는 대부분 일치한다. 전체 식료품의 30퍼센트에서 50퍼센트는 유통 기한이 지났다는 이유로 쇼핑센터에서 판매되기도 전에 폐기 처분되거나 소비자들에 의해 쓰레기통에 버려진다.

경제학자들이 '다르다니즘(dardanisme)'[41]이라는 전문 용어로 부르는 식료품의 대량 파괴 관행은 과거에도 존재했다. 1930년대 브라질에서 기차 화통에 커피를 넣고 태워 버린 사건은 가장 유명한 예다. 오늘날에도 매년 과일과 야채 재고를 한꺼번에 폐기해 버리는 일이 반복해서 벌어지고 있다. 예를 들면 브르타뉴의 아티초크에 석유를 부어 버리고, 수톤의 복숭아를 뒤랑스 강에 버리고, 랑그도크 와인 수백 리터를 나르본의 도랑에 쏟아 버리고, 가축들을 살(殺)처분한다. 이런 방식의 파괴는 계절적 요인이나 경기 불황에 따른 문제가 발생했을 때 가격 반등을 목적으로 이루어진다. 하지만 식료품의 계획적 진부화는 이런 것과 전혀 다르다. 우선 생산성 우선주의에 따라 농산물이 체계적으로 과잉 생산되는 것에서부터 문제가 시작된다.

재배자들은 더 이상 주요 책임자 명단에 끼지 못한다. 대신 한편에는 농업 비즈니스(agrobusiness, 종자 회사, 농화학 단지, 농산물 가공 산업)와 대형 유통망이 있고, 다른 한편에는 관료주의적 위생 법규들이 있다. 이 전체 연쇄 속에서 공모 관계를 맺고 있는 각 고리들은 저마다의 이익을 챙기지만 마지막 고리에 해당하는 소비자들만은 예외다. 식품 안전을 담당하는 관청들은 농산업 분야 로비스트들과 손을 잡고 만전을 기한다는 핑계로 필요 이상으로 엄격한 법규와 지나치게 짧은 유통 기한을 부과함으로써(하지만 이것만으로 식품 안전을 보장할 수 있는 것도 아니다.) 생산과 판매를 촉진한다. 유통 기한이 지난 음식들로 '연명하는' 이들(노숙자, 빈집 무단 점유자들)이 심각한 식중독에 걸렸다는 말은 거의 들어 본 적이 없다.

유통 과정에서 폐기되는 것과 소비자들이 버리는 것을 구별할 필요가 있다. 버려지는 음식물 전체 양 중 소비자들의 낭비로 인한 비율은 30퍼센트나 된다. 이는 식료품이 산업적으로 대량 생산되면서 가치가 하락하고, 상품 유통과 소비자들의 생활이 대규모 쇼핑센터를 중심으로 조직되었기 때문이다. 물론 광고도 큰 몫을 한다. 소비자들은 일주일에 한 번 차를 몰고 마트나 대형 슈퍼마켓에 가서 온갖 할인 행사 상품들을 카트에 채운다. 집에 돌아와서는 그것들을 냉장고와 냉동실에 보관해 놓고 필요할 때마다 꺼내 전자레인지 등에 데워 먹는다. 그리고 주기적으로 냉장고 안에서 유통 기한이 지난 음식들을 발견한다. 생산자와 판매자 모두에게 이익을 가져다주는 이런

시스템은 계획적 진부화의 한 형태라고 볼 수 있다.[42]

역시 전체의 30퍼센트를 차지하는 판매자들의 식료품 폐기는 좀 다른 성격을 지닌다. 생산자 입장에서는 이익이 될 수 있는 폐기가 유통업자에게는 비용이 된다. 그래서 이들은 가급적 이 비용을 물지 않으려고 편법을 쓰거나(때로 성실한 검사관들에 의해 불법 행위들이 밝혀지기도 한다.) 생산자에게 그 비용을 전가하기도 한다. 공동 구매 센터 등에서 취하는 가격 정책으로, 업체들은 피해와 손실을 줄이기 위해 유통 기한이 거의 다 된 식료품들을 자선 단체(푸드 뱅크, 사랑의 식당, 빈자의 자매들 등)에 기부하거나 대폭 할인된 가격으로 판매하기도 한다. 덕분에 인류 복지에 기여하는 기업이라는 이미지를 얻게 된다. 이탈리아의 경제학자 안드레아 세그레는 기발한 아이디어를 냈다. 그가 세운 '라스트 미닛 마켓(Last Minute Market)'이라는 단체는 유통 기한이 거의 다 된 식료품들을 수거하여 곧바로 소비가 가능한 자선 단체나 대안 식당들에 나눠 주는 사업을 성공적으로 펼치고 있다.[43] 참으로 기특한 아이디어이긴 하지만 이 활동만으로 음식이 대량으로 버려지는 문제가 해결되지는 않는다. 구조적인 낭비이기 때문이다.[44] 오스트리아의 영화 감독 에르빈 바겐호퍼가 제작한 다큐멘터리 「먹을거리의 위기(We Feed the World)」(2007)를 본 이들은 아마도 빈의 슈퍼마켓들이 버린 판매되지 않은 빵들이 산더미처럼 쌓여 있는 장면을 기억하고 있을 것이다. 유통 기한이 아직 이틀이나 남은 빵들이다. 매일 방출되는 이 200만 킬로그램의 빵들은 오스트리아 제2의 도시 그

라츠 전체를 먹여 살릴 수 있는 양이라고 한다. 프랑스의 경우, 하루 평균 5만 톤 정도의 음식물이 버려지고 있다.

한 가지 짚고 넘어갈 것은, 농업의 생산주의와 대규모 유통은 (다양한 동물 종을 포함하여) 다양한 품종의 과일과 채소의 진부화를 초래하여 상품 진열대에서 사라지게 만드는 주범이라는 사실이다.

이렇게 일회용 제품의 이데올로기가 사방에 독처럼 침투했다. 이제 무엇이든 일회용이 될 수 있다. 사회와 제도의 기능들도 예외는 아니다. 알렉시 드 토크빌은 일찍이 명예가 진부한 것이 될 것이라고 예측한 바 있다.[45] 이런 식으로 일회용품의 영역이 무한정 확대되다 보면 머지않아 결혼, 시민권, 그 밖의 개인적, 사회적 관계들도 일회용으로 간주되는 날이 올지도 모른다. 전 지구적 차원에서 보면 심지어 국가 간 관계조차도 그렇게 될지 모른다. 실제로 이미 아(亞)대륙 전체가 티슈 한 장처럼 쓰고 버리는 존재로 취급되는 지경에 이르렀다.[46] 이제 인간이 진부화되는 일만 남은 셈인가?

3 계획적 진부화는 도덕적인가?

계획적 진부화의 도덕성을 묻는 것 자체가 이상해 보일 수도 있다. 하지만 귄터 안더스가 지적했듯 오래전부터 이미 현대 경제 체제, 더 나아가 사회 전체에 대해 선과 악을 논하는 것 자체가 '진부한' 일이 되어 버렸다.[1] 제너럴 모터스사에 좋은 일은 미국을 위해서도 좋은 일 아닌가? 미국을 위해 좋은 일은 전 세계를 위해서도 좋은 일 아닌가? 따라서 계획적 진부화가 제너럴 모터스사를 위해 좋은 일이라면 그것은 미국을 위해서도 좋은 일이고 인류 전체를 위해서도 좋은 일인 셈이다. 특정 한계를 넘어서 버리는 순간 우리의 실행 능력은 느끼고 상상하는 능력을 무한정 초월해 버리고 만다. 안더스가 '프로메테우스적 괴리'라고 명명한 이 해소할 길 없는 간극은 우리의 도덕의식을 말 그대로 마비시켜 버린다. 인간의 무한정한 능력이 인류의 생존 자체를 위협하는 상황에서 계획적 진부화의 도덕성에 관한 질문은 반드시 제기되어야 한다.

역사적으로 이 질문은 사회적 효과, 엔지니어들의 직업윤리, 인간의 진부화라는 세 가지 측면에서 간접적인 방식으로 제기되어 왔다.

1 계획적 진부화의 사회적 역할

이미 폴 라파르그가 모든 것을 말했다. 인위적으로 제품의 수명을 단축시키는 것은 고용을 위한 조건, 즉 사회 안녕을 유지하기 위한 조건이다. 하지만 라파르그는 아이러니한 어조로 이 말을 한 것이다. 결국 그가 의도한 것이 정확히 무엇인지를 알기는 쉽지 않다. 대신 미국에 국한한다면 그가 한 말은 정확하게 맞아떨어진다. 현대 경제는 구조적으로 경제 성장을 지속해야만 안정을 유지할 수 있게 되어 있다. 성장이 주춤하면 정치인들은 패닉 상태에 빠지고 기업들은 생존을 위해 분투하며 절망적으로 고객들을 찾아 나선다. 그러는 사이 노동자들은 일자리를 잃는다. 따라서 소비를 촉진하기 위해서라면 뭐든지 좋다. 이렇게 계획적 진부화는 실업과의 싸움에 반드시 필요한 요소가 된다.

이런 생각을 극단까지 밀어붙여 경제 정책에까지 반영한 인물이 버나드 런던이었다. 러시아에서 건설 사업을 하다가 유대인 박해를 피해 미국으로 망명한 런던은 맨해튼에서 주식 중개로 큰돈을 번다. 프리메이슨 단원이자 박애주의자였던 그는 사회주의에도 호의적이었다. 그가 소비를 강제해야 한다고 주장한 것도 자본가들의 치부를 돕기 위해서가 아니라 인민 대중의 행복을 증진하는 데 목적이 있었다. 1932년 그는 『계획적 진부화를 통한 공황 탈출(*Ending the Depression through Planned Obsolescence*)』이라는 제목의 소책자를 출판했는데, 그가 계획적 진부화라는 말을 생각해 낸 것인지 당시 이미 재계에서 그런 말이 사용되고 있었는지는 알 수 없다. 그보다는 그 덕분에 이 개념이 공적 토론의 장에 등장했다는 사실이 중요하다. 같은 해 올더스 헉슬리의 『멋진 신세계(*Brave New World*)』가 출판되었다는 사실을 상기해 보라. 이 작품에 묘사된 세계는 버나드 런던이 상상한 유토피아와 크게 다르지 않았다. 책 내용 중에는 아이들에게 수면 학습을 통해 물건을 수리하는 것보다 버리는 게 더 좋다("Ending is better than mending")고 세뇌하는 장면이 나온다. 자일스 슬레이드는 "절망이 지배하던 1932년 테크노크라시와 함께 계획적 진부화가 고안되었다."[2] 라고 지적한다.

버나드 런던의 주장은 체계적이다. 그는 경제 위기가 오면 사람들이 예전에는 쉽게 내다 버렸을 물건들을 더 오래 사용하게 된다고 지적한다. 따라서 정부가 신발, 주택, 기계를 포함한 모든 공산품이 출시되는 순간에 유통 기한을 정해야 한다는 게 그의 생각이었다. 전문 엔지니어들에게 각 제품의 적절한 수명을 정하도록 하면 된다. 예를 들면 자동차 5년, 주택 25년과 같은 식으로 말이다. 런던에게 계획적 진부화란 전구 제조업 카르텔처럼 제품에 몰래 기술적 결함을 삽입하는 관행이 아니라 전문가들의 결정에 맡겨지는 일이었다. 비록 프랭클린 루스벨트는 미국을 위기에서 구하기 위해 다른 길을 선택했지만, 그 후 런던의 주장은 계획적 진부화가 필요하다는 생각을 확산시키고 대부분 산업계에서 임금 노동을 하던 소비자들의 저항감을 누그러뜨리는 데 큰 기여를 했음에 틀림없다.

"체계적인 구식화……, 막힌 시장에 숨통을 틔워 줄까?"[3] 1950년에 나온 한 기사에서 인용한 것이다. 《디자인 뉴스(Design News)》 편집장 E. S. 스태퍼드는 "제품의 수명을 체계적으로 제한하는 것은 신용 판매만큼이나 미국 경제 활성화를 위한 효과적인 수단이 될 수 있다."라고 주장했다. 남은 일들은 전문가들에게 맡기면 될 터였다. 실제로 그렇게 일이 진행되었고 지금도 광범위하게 진행 중이다.[4]

계획적 진부화는 소비 사회의 조직적 통합에 기여한다. 제품 수명의 급격한 감소가 없었다면 포디즘적 케인스주의로 특징지어지는 영광의 30년(현대사에서 가장 사회적인 혹은 사회주의적인 시기였다.)은 존재하지 못했을 것이다. 일회용품을 양산하는 문명이야말로 이 기간 동안 사회 민주주의적 개혁이 성공할 수 있었던 조건이었다고 해도 과언이 아니다. 대량 생산은 생산비 절감을 가능케 하여 좀 더 많은 대중에게 제품을 팔 수 있는 기회를 열어 주었다. 이윤을 높은 수준으로 계속 유지하기 위해서는 계속 새로운 수요가 창출되어야 했지만 이미 포화 상태에 이른 시장을 확대하는 것은 불가능했다. 따라서 제품 수명을 무상 보증 기간, 할부 기간에 맞추는 것이 이상적이었다. 이처럼 무상 보증 기간은 양면성을 띠었다. 고객은 이를 통해 제품이 작동하는 최소한의 기간을 보장받을 수 있고, 제조사는 이를 제품 수명의 최대치로 삼을 수 있게 된 것이다.

따라서 모든 이들에게 행복을 가져다주는 경제적 필수 요소로 정당화된 '합리적' 진부화는 부도덕한 것이 아닌 셈이다. 하지만 그렇다고 도덕적이라고 볼 수 있을까? 그 속에 내재된 윤리적 가치에 대해서는 앞으로 더 살펴보겠지만, 그와는 별도로 경제적 관점에서도 계획적 진부화의 사회적 정당성을 의심하거나 최소한 상대화해서 바라봐야 할 이유가 있다. 계획적 진부화로 인해 일련의 직업들이 사라졌다는 사실을 잊지 말아야 한다. 예를 들어 토스터, 전기 포트, 라디오와 텔레비전 등을 수리하던 기술자들이 자취를 감췄으며, 심지어 제네바에서조차 손목시계 수리공을 찾기가 힘들어졌다. 결과적으로, 유지되는 일자리보다 사라지는 일자리가 더 많을 수도 있다는 말이다.

2 진부화와 윤리

"휴대용 라디오를 생산하는 업체의 한 고위직 엔지니어에게서 수명이 3년을 넘지 않도록 제품을 설계한다는 매우 흥미로운 사실을 전해 들었다." 경제 활성화를 위해 계획적 진부화가 필요하다고 주장했던 스태퍼드가 1958년에 쓴 글에서 인용한 것이다. 그는 "고의로 기술적 결함이 있는 제품을 고안하는 일은 윤리에 어긋나는가?"라고 묻는다. 그리고 명백하게 그렇지 않다고 결론을 내린다. "우선 휴대용 라디오의 수명이 10년이라고 가정하면 시장은 포화 상태에 이를 것이며, 새로운 판매를 통해 연속적인 대량 생산을 보장할 수 없게 되어 업체들은 다른 품목을 생산해야 할 것이다. 다음으로는, 제품의 수명이 너무 길어지면 사용자들은 갈수록 빨라지는 진보의 혜택을 누릴 기회를 놓치게 될 것이다."[5] 항상 그렇듯 악마는 언제나 그럴싸한 근거를 찾아내고야 만다!

한편 이 문제를 둘러싸고 엔지니어들과 매니저들 사이에 격렬한 충돌이 발생하기도 했다. 아메리칸 모터스사의 조지 롬니는 엔지니어 편에 서서 "매년 좀 더 진보된 것처럼 가장한 제품을 출시하는 것은 기술 연구의 터무니없는 일탈에 불과하다."[6]라고 비판했다.

1960년 2월, 《로터리언(The Rotarian)》은 다음과 같은 표제를 실었다. "계획적 진부화, 정당한가? 브룩스 스티븐스는 예스! 월터 도윈 티그는 노!" 1944년 산업 디자이너 협회를 공동 창립한 유명 디자이너 도윈 티그는 다음과 같이 썼다. "이런 식으로 디자인이 스스로를 팔아넘기면 디자인 고유의 논리는 사라지고 엉뚱한 결과들이 발생하게 될 것이다."[7] 그리고 다음과 같이 덧붙였다. "별로 더 나을 것도 없는 새 모델을 출시하기 위해 기존 모델을 구식으로 만들어 버리는 관행은 '계획적 진부화' 혹은 '인위적 진부화'라고 불린다. 후자가 더 적절한 표현이긴 하지만 그냥 간단하게 '사기'라고 부르는 것이 가장 정확할 것이다." 그는 최대한 싼 가격으로 최고의 제품을 만들고자 했던 포드의 관점을, 진부화를 긍정적으로 보는 스티븐스의 관점에 대비시킨다.[8]

미국의 사무기기 제조업체 레밍턴 랜드의 엔지니어 해럴드 챔버스 역시 동일한 입장을 표명했다. "나는 우리 중 누군가가 제품의 재구매를 유도하기 위해 그것이 집이 되었든 자동차나 피아노, 다른 어떤 내구재가 되었든, 계획적으로 단기간 내에 제품이 문제를 일으키도록 만드는, 엄청난 비용이 드는 관행에 강한 의구심을 갖고 있다. (⋯⋯) 그 '단기간'은 어디까지 짧아질 수 있으며, 누가 그것을 결정할 것인가? (⋯⋯) 경영자들이 지시를 내린다고 해서 윤리, 정직, 진실 등 신성불가침의 원칙들이 바뀔 수는 없다!!! 명백하게 비정직한 방식에 기초한 인위적인 수요 창출은 분명히 윤리에 어긋나는 일이다."[9] 이 논쟁에 참여한 또 다른 사람은 유통 기한의 사용에 대해 "경제적이고 정치적인 차원에서 비정직하고, 비도덕적이고, 자기 파괴적인" 행태라고 비판하는 데 그치지 않고 "신이 우리에게 선사한 것들을 낭비한다는 의미에서 신이 만든 자연법칙에 위배되는 범죄 행위"라고까지 묘사했다.[10]

반대편에는 시카고의 경제·금융 전문가 시어도어 레빗이 있었다. 그는 사업가들에게 자신들의 행동이 야기하게 될 문화적, 정신적, 사회적, 도덕적 결과에 연연하지 말 것을 권고했다. 사업가의 존재 이유는 오직 하나다. 수요를 만족시키는 물건을 만들어 공급하는 것이다. 그 대가로 그들은 이윤을 챙긴다. 따라서 영혼의 구원, 정신적 가치의 수호, 인간의 존엄과 자존감 보호 등은 그들의 관심 밖이다![11] 조직의 명령이라면 무비판적으로 실행에 옮기는 아돌프 아이히만[12]의 '도덕'과 마찬가지로, 위와 같은 생각은 악의 일반화로 향한 문을 열어 준다.

로비 활동이 오로지 이윤의 윤리만을 따른다는 사실이 생산자들의 도덕적 책임을 면제해 주지 않는다. 더욱이 그들의 비즈니스적 소명이 야기한 결과들이 사회와 환경, 나아가 미래의 세대에까지 해악을 미칠 때는 더욱 그러하다. 미국과 유럽에서 경전철(tramway)이 사라진 것이 대표적인 예다. 왜 미국에서는 경전철이 자동차에 밀려나게 되었을까? 자동차가 기술적, 경제적으로 더 우수하기 때문이 아니다. 이는 비즈니스를 위한 결정이었다. 1920년대 제너럴 모터스, 파이어스톤, 스탠더드 오일 오브 캘리포니아는 공해를 유발하고, 비효율적이고, 엄청난 비용이 드는 도심 이동 방식을 채택하도록 여론을 설득하는 데 총력을 기울였다. 실제 그 과정은 내셔널 시티 라인즈라는 페이퍼컴퍼니(paper company)[13]를 통해 진행되었다. 이 회사는 점차적으로 뉴욕, 로스앤젤레스, 필라델피아, 세인트루이스 등 10여 개 도시의 경전철 운영 회사들에 대한 소유권과 통제권을 확보해 나갔다. 그런 후 경전철을 없애고 제너럴 모터스-파이어스톤-스탠더드 오일 트리오에 속한 공급자가 구매한 버스들을 대신 투입했다. 이와 동시에 국립 고속 도로 사용자 회의(National Highway Users Conference)의 로비를 통한 정치적 행동도 병행해 결국 정부가 고속 도로 건설에 나서도록 설득하는 데 성공했다.[14] 이 과정은 30년이나 지속됐고, 결국 범죄적 음모로서 처벌을 받기에 이른다. 그러나 해당 기업들에게 부과된 벌금은 고작 5000달러에 불과했다. 더욱이 사라진 경전철이 되돌아온 것도 아니다. 유럽에서 경전철이 사라진 과정과 관련된 문서는 많이 남아 있지 않지만 미국의 경우와 크게 다르지 않을 것이다. 파시스트 통치하의 이탈리아에서는 수력 에너지 사용과 석유 절약을 위해 트롤리버스(trolleybus)가 운행되었다. 이탈리아의 환경 역사학자 마리노 루체넨티는 "전후에 다른 곳에서 경전철망의 상당 부분이 사라진 것처럼 이탈리아에서도 이 교통수단을 없앤 이유가 무엇인지 밝히는 일이 과제로 남아 있다."[15]라고 지적한다. 잘 알려져 있다시피 석유 고갈이 임박하고 도심의 교통 체증이 심각해지면서 세계 각 도시에서 이 '구식' 교통수단을 다시 도입하는 게 유행이 되었다.

결국 계획적 진부화가 진행되면서 윤리 자체도 진부화하고 있다. 이탈리아의 한 성장 반대론자는 다음과 같이 썼다. "바겐세일, 정기 세일, 가격 파괴, 가격 인하, 할인, 특가, 프로모션 행사 등과 동의어가 된 소비주의는 염가 처분, 가치 하락과 상실의 정신을 확산시켰을 뿐 아니라 미덕, 원칙, 이상의 상실을 부추겼다. 정직성, 도덕성, 결백, 공

정성, 체면, 진지함, 절제, 정중함 (……) 등 이 모든 것은 이제 가치의 슈퍼마켓에 진열된, 상대적이고 임의적인 것이 되어 버렸다. 모든 것은 판매 가능한 것이 되는 동시에 가치 하락을 겪는다."[16]

3 인간의 진부화

현대의 '기계론적' 시각에 따라 인간을 하나의 기계처럼 바라보는 것에 익숙해진 상황에서 인간의 기술적 결함에 대한 불가피한 질문이 제기된다. 의사와 생물학자는 각 인간의 진부화가 예정되어 있다고 말한다. 언젠가 죽게 되어 있는 존재라는 말이다. 젊었을 때는 비교적 쉽게 수리나 대체가 가능했던 우리 몸의 일부는 최후의 순간이 오기도 전에 고장이 나 버린다. 반대로, 손톱이나 머리칼은 인간이 죽은 상태에서도 제 역할을 계속할 수 있다. 어쨌든 노화 메커니즘은 미리 예정되어 있다. 만약 몸이라는 기계를 잘 관리하기만 한다면 백 살 정도까지는 살 수 있겠지만 그 이상은 어렵다.(123세를 한계로 보는 이들도 있다.) 동물 행동학자들은 인간 종 역시 다른 동물 종과 마찬가지로 일정 기간 동안에만 존재하도록 예정되어 있다고 본다. 이들에 따르면, 20만 년쯤 후에는 인간이 멸종되어 화석이 되어 버리거나 다른 종에게 자리를 넘겨주게 될 것이다.

하지만 보통 인간의 진부화를 말할 때는 이와는 조금 다른 의미로, 즉 인간의 내재적인 기술적 결함이 원인이 아니라, 우려할 만큼 급속도로 발전하는 기술에 의해, 즉 외부적 요인으로 인해 인간이 진부화되는 현상을 가리킨다. 현재 우리는 밴스 패커드조차 예상하지 못한 속도로 제품의 라이프 사이클이 급격히 짧아지는 것을 목격하고 있다. 모든 가정에 흑백텔레비전이 보급되기까지 20년이 걸렸다. 그러나 컬러텔레비전이 보급되는 데는 7년으로 족했다. 최근의 발명품인 휴대 전화 등은 그 보급 속도가 놀라울 만큼 빠르다.[17] 신기술 분야에서 기술 혁신은 보통 3년을 주기로 이루어진다. 컴퓨터 성능과 메모리가 18개월마다 두 배씩 증가한다는 무어의 법칙(Moore's law)은 지난 30년 동안 사실로 증명되었으며, 그만큼 진부화는 가속화되었다.[18]

그리하여 시간은 붕괴되고 한시성(限時性)이 승리를 거두었다. 프랑스의 역사가이자 사회학자인 자크 엘륄은 이런 현상을 다음과 같이 분석했다. "우리의 모든 문명은 일시적이다. 우리는 과소비를 자랑으로 여기지만, 그것은 신속한 소비를 위해 생산된 물건들을 금방 쓰고 버린다는 것을 의미한다. 우리는 더 이상 물건을 고쳐 쓰지 않는다. 그냥 내다 버린다. 값싸게 구입할 수 있는 플라스틱이나 나일론 제품들은 처음부터 잠깐 쓰고 버리도록 고안된다. 이것들은 새 제품의 윤기가 사라지자마자 버려진다. 주택들은 감가상각 기간에 맞춰 지어진다. 우리는 더 이상 미학적 세계 속에서 성당을 짓지 않는다. 대신 우리 자신의 모든 것을 쏟아부은, 우리의 가장 심오한 메시지를 담은 최상의 예술 작품인 영화를 만든다. 하지만 이 영화들은 몇 주만 지나면 잊히고 만다. 오직 소수의 애호가들만이 시네마테크를 뒤져 지난 영화들을 찾아볼 뿐이다. (……) 인간의 재능이 결집된 보물들, 어마어마한 노동의 결집체, 인간의 열정 등이 모든 활동의 측면에서 이런 일시적인 대상들을 만드는 것으로 귀결된다. 그리고 아무것도 남지 않는다. (……) 우리는 훗날 잘 갈린 부싯돌 하나 남기지 못할 것이다."[19] 과거 철학자 코르넬리우스 카스토리아디스가 비판한 '무의미의 부상' 현상은 이제 종교계에서도 예외가 아니다. 교황 요한 바오로 2세가 서거했을 때 가톨릭 신자 대중은 "산토 수비토(Santo subito)"를 외쳤다. 심사숙고해야 하는 교회의 전통을 무시하고 그를 즉시 성인으로 모실 것을 촉구한 것이다. 시간적 지속의 진부화를 보여 주는 예다. 이제 즉시성만 남았다. 사람들은 당장, 모든 것을 원한다.

이처럼 이른바 '발전된' 사회는 쇠퇴를 대량 생산한다. 다시 말해 가치의 상실, 상품을 넘어 인간까지 포함하는 일반화된 퇴락을 양산한다. '일회용' 제품이 갈수록 빠른 속도로 확산되면서 상품은 쓰레기로 버려지고, 인간은 소외되거나 사용 후 해고된다. 실업자, 노숙자, 부랑자, 그 외 각종 '인간쓰레기'에서부터 최고 경영자와 관리자들까지 예외는 없다. 윌리엄 모리스는 이런 현상을 예견했다. "모조품의 사회는 계속해서 당신을 기계처럼 사용하고, 기계처럼 연료를 공급하고, 기계처럼 감시하고, 기계처럼 일만 하도록 만들 것이다. 그리고 당신이 더 이상 작동하지 않게 되면 고장 난 기계처럼 내다 버릴 것이다."[20]

대공황이 도래하자 기계가 인간을 진부화시킨다는 생각이 등장했다. 1932년 《포춘(Fortune)》은 이런 생각을 최초로 개진한 작가 미상의 에세이를 게재했다. 그 글에 따르면, 수백만 년의 사용 기간이 지난 후 "1차 동력 에너지 생산자로서의 (인간의) 명예로운 기능은 이제 유행에서 밀려났을 뿐 아니라 확실히 진부화되었다."[21] 초현대성과 신기술에 의한 다양한 형태의 가속화는 그 반대급부로 인간 경험의 진부화를 더욱 촉진하는 결과를 초래한다. 그 결과 현재에 속한다고 정의되는 기간이 짧아진다.[22] 영국의 IT 컨설턴트 제임스 마틴의 관찰에 따르면 "IT 분야에 종사하는 직원이 받는 기술 교육의 반감기는 약 3년이다."[23] 그는 컴퓨터를 사용하는 다른 많은 직업들 역시 사정은 마찬가지일 것이라고 결론 내린다. 한마디로 21세기의 최신 기술들, 즉 로봇 공학, 유전 공학, 나노 테크놀로지 때문에 인류는 멸종의 순간에 다가가고 있는 셈이다.[24]

기술과 세계의 기술화로 인해 인간이 진부화한다는 생각은 핵폭탄의 존재가 인류 전체의 생존을 위협하는 상황이 대두하면서 본격적으로 주목받았다. 일본이 항복하고 사흘이 지난 1945년 8월 18일, 미국 언론인 노먼 커즌스는 자신이 목도한 사건에 큰 충격을 받고 《새터데이 리뷰(Saturday Review)》에 '현대인은 구식이다(Modern Man is Obsolete)'라는 의미심장한 제목의 기사를 쓴다. 그는 인간이 원자력 에너지의 잠재적 위험을 통제할 능력이 없으며, 따라서 그것의 혜택을 누릴 준비도 되어 있지 않다고 보았다. 실제로 그 후 원자력의 평

3 계획적 진부화는 도덕적인가?

화적 사용 과정에서 발생한 사고들이 그의 말을 증명했다.[25]

권터 안더스는 상호확증파괴(MAD, Mutually Assured Destruction)[26]로 대변되는 '재앙의 표준화'가 인간을 진부화시키는 과정을 탁월하게 분석했다. 그는 기계에 대한 열등감에서 비롯된 '프로메테우스적 수치심'에 대해 말한다. "우리는 유일하게 낙오된 존재이며, 유일하게 구식으로 창조된 존재다."[27] 권터 안더스의 『인간의 진부화』의 28번째 장 제목은 '악의의 구식화'다. 그 속에는 다음과 같은 구절이 담겨 있다. "나가사키 신드롬과 함께 (……) 역사는 '진부해졌다.' 그날(1945년 8월 9일), 인류는 자기 파괴의 힘을 갖게 되었다. 전 세계의 무장 해제와 완전 비핵화가 이루어진다 해도 인간은 이 '부정적 전능'을 완전히 포기하지 못할 것이다. '세상의 종말(apocalypse)'은 인간의 미래에 숙명으로 기입되어 있으며 우리가 할 수 있는 최선의 일은 그 순간의 도래를 무한히 연기하는 것이다. (……) 과거의 의미는 미래의 행동에 따라 달라진다. 따라서 미래의 진부화, 예정된 종말이라는 말은 과거가 의미를 상실했다는 것을 뜻하지 않는다. 대신 앞으로 영원히 의미를 지닐 수 없다는 것을 뜻한다."[28] 여기서 그의 전 부인 한나 아렌트가 그에게서 차용해서 유명해진 '악의 평범성' 개념이 탄생한다.[29] 계획적 진부화야말로 이 개념을 설명해 주는 완벽한 예라고 할 수 있다.

어빙 존 굿, 버너 빈지, 레이 커즈와일 등 일부 과학자들은 이런 인간의 진부화 경향을 도리어 환영했다. 인류는 기술 과학적 완성 속에서 사라지게 될 것이다. 종국에는 트랜스휴머니즘(transhumanism)[30]

으로 귀결되는 기술적 특이점(technology singularity)[31] 가설이 특히 이런 주장을 뒷받침한다. 컴퓨터 성능의 기하급수적 성장을 주장하는 이른바 '무어의 법칙'을 성급하게 일반화한 게 분명한 이 가설은 2020년 전에 엑사플롭(ExaFLOP)[32]급 슈퍼컴퓨터가 출현할 것이라고 예상한다. 이 컴퓨터는 자기 재생산이 가능하고 더 강력하고 자율적인 컴퓨터를 만들어 낼 능력을 갖추게 될 것이다. 그 순간 인간은 더 이상 존재할 이유가 없어진다. 오염으로 황폐화된 세계 속에서 권능을 잃게 된 인간은 스스로 반은 생물이며 반은 컴퓨터인 슈퍼머신이 됨으로써만 생존을 계속해 나갈 수 있을 것이다. 이러한 진화 과정에 협력하는 것은 반인륜적 범죄일까? 도덕의 진부화는 이에 대한 판단마저도 불가능한 것으로 만든다.

4 계획적 진부화의 한계

계획적 진부화는 일종의 속임수다. 지금까지의 경험은 모든 이를 영원히 속이는 것이 불가능하다는 것을 증명한다. 무엇보다 현실이 조작에 저항한다. 현실은 위기 혹은 재앙의 형태로 회귀하기 마련이다. 공산품 수명의 계획적 단축은 소비자의 저항이라는 벽에만 부딪히는 것이 아니다. 자연 자원, 쓰레기 재활용 능력과 관련된 생태계의 한계 역시 벽으로 작용한다.

1 소비자와 시민의 반응

앞에서 살펴봤듯, 미국의 자동차 산업은 계획적 진부화로 향하는 길을 활짝 열어 주었다. 상품이나 소비 행태에 큰 변화를 주지 않고도 소비자들로 하여금 1년 혹은 2년에 한 번씩 제품 모델을 바꾸도록 만드는 일관된 관행은 이른바 '디트로이트 모델'이라고 불렸다. 그러나 1957년 말, 소련이 세계 최초의 인공위성 스푸트니크를 쏘아 올리는 데 성공하자 그때까지 자국의 군사 산업 시스템이 우월하다고 믿어 온 미국의 자존심이 흔들리기 시작했다. 그리고 그 결과로 그때까지 미국인들에게 당연한 것으로 제시된, "제너럴 모터스사에 좋은 일은 미국에도 좋은 일이다."라는 등식도 의심을 받기 시작했다. 미국인들은 특이하고 번쩍거리고 괴물처럼 덩치가 큰, 석유를 많이 소비하는 디트로이트의 자동차들을 외면하기 시작했다. 다른 분야의 소비는 비슷한 수준으로 유지되는 데 반해 당시 신기술을 선도하던 분야인 자동차 판매량은 눈에 띄게 줄었다. 이제 덩치 큰 자동차를 선호하던 시대는 끝났다. 광고만으로는 이런 추세를 바꿀 수 없었다. 사람들은 석유 파동과 도시 과밀화 등을 겪으며 큰 것에 대한 집착을 단념할 수밖에 없었다. 대중의 취향을 마음대로 조종하는 데도 한계가 있었던 것이다. 1950년대 말부터 미국 자동차 시장에 유럽의 소형차들이 몰려들면서 디트로이트가 쌓아 올린 둑은 과잉 생산의 대가로 제 무게를 견디지 못하고 한순간에 무너져 버렸다.[1]

유럽 대륙에서는 전혀 성공하지 못했던 보행자 없는 도시를 실현하기 위해 전통적 도시 모델을 구식화하려는 시도는 미국에서 초반에 잠깐 성공하는 듯했지만 부분적인 실패로 귀결되었다. 저널리스트 조지 넬슨은 1956년 도시의 진부화를 더 가속화해야 한다고 주장했다. "전통적 도시는 자동차에 의해 구식이 되었다. 이미 도래한 현실이다. 그러나 계획된 것은 아니다." 그는 우리가 도시의 진부화에 매진해야 한다고 결론지었다. "우리는 지식과 권력을 동시에 보유한 분야에서 사회적 개선을 위해 진부화라는 놀라운 수단을 사용하는 법을 배웠다. (……) 우리에게는 더 많은 진부화가 필요하다. 그 역이 아니다."[2] 갈수록 비판의 목소리가 높아짐에도 도시는 계속해서 확장되어 왔다. 이른바 '평화 시의 도시 파괴(브뤼셀화)'[3]라고 불리는 현상은 매우 강력한 반대를 무릅쓰고 여전히 진행 중이다. 브뤼셀의 도심 파괴가 가장 전형적인 예다. 그러나 북아메리카에서 일반화된 '일회용' 집은 다른 지역에서 눈에 띄는 성공을 거두지는 못했다. 오래가는 집을 만들어야 한다는 과거의 장인 정신이 아직 건재하기 때문이다. 우리 집을 수리하러 온 기술자의 말 한마디에 이런 정신이 고스란히 담겨 있다! "이 집에 뼈를 묻으셔도 될 겁니다!"

한편 지나친 낭비를 종용하는 논리에 대항하는 다양한 형태의 저항들이 존재한다. 광범위한 의미에서 소비주의 논리 자체를 재고하게 할 만큼 생태 위기가 심각한 지경에 이른 것은 아니지만, 다양한 저항들을 자극한 것은 사실이다. 밴스 패커드는 1957년 『숨은 설득자들(The Hidden Persuaders)』(프랑스어 번역서 『은밀한 설득(La persuasion clandestine)』)을 펴냈고, 이어 1960년에는 『낭비 조장자들』을 출판했다. 베스트셀러 반열에 오른 이 두 책은 소비주의에 반대하는 운동들이 부상하는 데 중요한 영향을 끼쳤다. 이 기간에 탄생한 소비자 단체들의 활동은 결코 무시할 수 없는 견제력을 발휘했다. 그 결과 제품의 품질, 제조 과정의 투명성, 제품 보증 기간 등을 보장하기 위한 법들이 제정되었다. 코지마 단노리트세르의 영화 속에 멋지게 묘사된 시민들의 공동 대응 역시 밴스 패커드 같은 이들 덕분에 더욱 힘을 얻었음에 틀림없다. 예를 들어 평생에 걸쳐 사용할 수 있는 물건이 아직 남아 있느냐는 질문에 소비자 단체에서 활동하는 브래디 부인은 "단 하나뿐이다. 피아노!"[4]라고 대답한다.

그로부터 50여 년이 지난 지금, 계획적 진부화에 반대하는 이들이 거둔 성과들이 무색하게도 상황은 별로 나아지지 않았다. 저항은 계속되고 있지만, 영화 「전구 음모 이론」에서 보듯 큰 성과를 내지는 못하고 있다. 예를 들어 아이팟의 배터리 수명을 의도적으로 18개월에 맞추어 생산한 애플사를 상대로 한 고소는 재판이 아니라 한발 물러선 합의로 결론이 났다. 반쪽짜리 승리인 셈이다. 이 영화의 서두와 말미를 장식하는 에피소드는 이런 종류의 싸움을 이끌어 가려면 얼마나 큰 용기가 필요한지를 보여 준다. 영화는 작동을 멈춘 프린터를 고치려고 애쓰는 한 남성의 등장으로 시작한다. 그는 이곳저곳을 찾아다니지만 모두들 새 프린터를 구입할 것을 권한다. 고집이 센 우리의 주인공은 문제가 어디서 비롯되었는지를 찾아내기 위해 인터넷을 검색한다. 그리고 결국 비밀을 밝혀내고야 만다. 총 인쇄 매수가 1만 8000장에 도달하면 기계 작동을 멈추도록 프로그램 된 전자 칩이 범인이었다. 영화의 마지막 장면에서, 그는 러시아의 한 천재적인 네티즌이 개발하여 올린 프로그램을 설치하여 프린터를 다시 작동시키는 데 성공한다.

인터넷에 등장한 다양한 토론방들이 흥미로운 전망을 열어 준 것은 사실이지만 그 성과는 아직 제한적이다. 나 역시 이 책을 집필하던 중에, 구입한 지 4~5년밖에 안 됐지만 벌써 골동품 취급받는 엡슨 880 프린터가 고장을 일으켜 애를 먹었다. 프린터 헤드를 여러 번 청소했음에도 제대로 인쇄가 되지 않았다. 인내심을 가지고 인터넷상에서 해결책을 찾아볼 용기가 나지 않았던 나는 새 프린터를 하나 구입했다. 중국에서 생산된 새 모델로 기계 가격이 무척 저렴한 대신 규칙적으로 터무니없이 비싼 가격의 잉크 카트리지를 구입해 교체해 주어야 한다. 나의 엡슨 프린터는 그리하여 여전히 작동은 하지만 새 컴퓨터 모델과 호환이 되지 않아 더 이상 사용하지 않게 된 네 대의 다른 프린터와 같은 운명을 맞게 되었다. 산업 생산품의 세계에서, 특히 전화나 컴퓨터처럼 네트워크에 접속하는 제품들의 이처럼 체계적으로 양산되는 비호환성 역시 생산자가 의도적으로 도입하는 진부화의 일종이다. 내가 아직 젊었을 때, 경제 발전을 연구하는 전문가들은 이런 현상을 두고 '나사 홈의 식민주의'라고 불렀다. 반지름은 동일하지만 다른 모양으로 홈이 패어 있는 수나사와 암나사 사이의 비호환성은 소비자들에게 의존성을 강요하는 가장 흔하고 초보적인 방식이다.

밴스 패커드의 저서는 탁월하지만 대안을 제시하는 대목에서

약점을 드러낸다. 폭로된 문제들의 심각성에 비해 그가 제시한 해결책들은 불충분해 보인다. 이 책은 계획적 진부화가 야기하는 생태적 재앙에 분노하고 그것을 저지하기 위한 흥미로운 방안들을 제시하지만, 그런 시스템에 대항해 전개할 필요가 있는 온전히 정치적인 투쟁에 대해서는 상당히 소극적이다. "매수자 위험 부담(Caveat emptor)! 과거의 경제학자들에 따르면, 이것이야말로 판매자와 구매자 사이의 적절한 균형을 유지해 줄 마법의 주문이었다."[5] 신중하게 구입하라는 의미의 이 충고는 그 기원을 거슬러 올라가면 멀리 로마의 집정관까지 거론할 수 있지만 현재에도 역시 유효하다. 하지만 앞에서 살펴봤듯이, 소비주의에 대한 중독을 확산시키는 데 결정적인 역할을 하는 광고 및 프로파간다의 세뇌 작용에 대항하기에는 안타깝지만 이것만으로는 부족하다. 패커드가 소비자 단체들에게 제안하는 로드맵은 선한 의도로 가득 차 있지만 순진함을 벗어나지 못한다. 그는 제품의 품질과 품질 보증 표시를 둘러싼 혼동을 제거하기 위해 모두가 납득하는 품질 기준을 준수하는 것이 소비자와 생산자 모두에게 유용할 것이라고 말한다. 그가 책을 쓸 당시만 해도 품질 기준이 적용되는 제품은 우유와 침대 시트뿐이었으니[6] 품질 기준 도입을 강조한 것도 무리는 아니다. 오히려 생산자들이 품질 보증을 원했다. 그들 자신이 부품 공급자들에게 품질 보장을 요구했기 때문이다. "잡지 광고 한 번 넘겨 보고 철판을 구입하는 자동차 제조업체는 없다!" 하지만 그들은 만장일치로 품질 표준을 정하는 것에는 반대했다.[7] 반대로, 품질 보증 라벨이 존재하는 분야에서는 소규모 생산업체들이 10년 만에 미국 시장의 3분의 2를 차지했고, 오늘날 대기업들은 라벨을 없앨 것을 요구하고 있다.[8] 우리는 당연히 작은 기업들이 큰 기업에 맞서 거둔 승리를 축하해야 한다. 하지만 밴스 패커드가 분석 결과를 내놓던 당시부터 수많은 규준이 도입되었음에도, 예를 들어 유럽 연합에서 낭비와 남용이 눈에 띄게 줄어들었다는 증거는 찾아볼 수 없다. 예컨대, '슬로 푸드(slow food)' 운동 등의 성과로 전통적인 지역 생산을 살리기 위해 도입된 한 라벨에는 국제 식품 규격 위원회(Codex Alimentarius Commission)의 규준 스무 가지가 포함되어 있다. 모두 농산업 분야의 로비로 도입된 것이다. 대기업들은 이처럼, 앞에서 살펴봤듯이 유통 기한을 단축하는 방식으로 낭비를 조장하는 데 그치지 않고, 소규모 생산자들의 숨통까지 조이고 있다.

계획적 진부화에 대항해 소비자를 보호하는 수단으로 가장 널리 쓰이는 제품 보증 기간의 도입은 이중적 측면을 지닌다. 자동차와 관련해 우리가 경험하는 사례들이 생산자 입장에서 가장 이상적인 경우다. 즉 보증 기간이 끝나자마자 제품이 고장을 일으키는 것이다. 비유하면, 생산자와 소비자 사이에 쫓고 쫓기는 추격전이 벌어지는 셈이다. 물론 소비자는 추가 비용을 지불하면 보증 기간을 연장할 수 있다. 나는 이전 컴퓨터의 하드 디스크가 작동을 멈춘 일을 경험한 터라 새 컴퓨터를 구입할 때 비싼 비용을 치르고 보증 기간을 3년 연장했다. 그리고 그 컴퓨터로 이 책의 집필을 마칠 수 있었다. 그런데 웬걸, 보증 기간이 끝나고 3개월이 지나자, 한창 작업 중이던 컴퓨터 화면이 일순간 새까맣게 변한 후 다시는 원래 상태로 되돌아오지 않았다. 이번엔 마더보드가 수명을 다했다고 했다.

밴스 패커드는 자신이 제시하는 해결책이 다소 상투적임을 의식한 듯하다. 그는 책의 한 귀퉁이에서 반란의 가능성을 언급한다. "우리는 천천히 모든 광고와 관련된 근본적인 질문에 대한 답에 접근하고 있다. 어떻게 하면 소비자들이 파블로프의 조건 반사를 일으켜 특정 상표의 제품을 구매하도록 이끌 수 있을까?" 1960년 1월 29일, 《프린터스 잉크》의 한 기자가 제기한 이 질문에 대해 밴스 패커드는 다음과 같이 논평했다. "그게 정말 '근본적인 질문'이라면 소비자들은 곧장 바리케이드 위로 올라가야 할 것이다!"[9] 그렇게까지 하지는 않더라도, 오늘날 성장 사회 자체를 문제 삼고, 생산과 소비를 관통하는 일관된 논리를 비판하는 일은 반드시 필요하다.

2 진부화와 생태 위기

계획적 진부화는 자연 자원의 낭비와 쓰레기의 범람이라는 중대한 생태적 문제를 야기한다. 공장 설비, 가전제품, 모든 종류의 소비재를 점점 빨리 생산하고 더 많이 소비함에 따라 직접적으로는 재생 불가능한 광석 매장량이 더욱 빨리 고갈되고 있으며, 간접적으로는 필요 이상의 에너지 소비를 부추기고 있다. 밴스 패커드는 다음과 같이 썼다. "자, 이제 새로운 위협이 출현하고 있다. 너무 당황스러운 나머지 미국인들이 지금까지 애써 무시하려고 했던 것이다. 바로 자연 자원의 감소라는 문제다. (……) 우리 자식 세대는 아마도 미국인들이 오래된 쓰레기 더미 속에 갱도를 파고 들어가 낡고 녹슨 통조림 캔 같은 것들을 찾아다니는 모습을 보게 될지 모른다."[10] 미국은 아직이지만 아프리카에서는 실제로 벌어지고 있는 일이다.

밴스 패커드뿐 아니라 자일스 슬레이드가 보기에도, 자연 자원 위기를 대하는 미국인들의 태도는 완벽하리만치 무덤덤하다. 이 구제 불능의 낙천주의자들은 현대 기술이 새로운 황금기를 열어 줄 것이라는 말을 자주 들었고, 그렇게 믿고 있다. "원자력이 모든 문제를 해결해 줄 것이다. 화학자들은 더 이상 마모되지 않는 기적의 소재를 개발해 낼 것이다. 기술자들은 갈수록 고갈되어 가는 광맥에서 최대한으로 구리를 추출해 낼 수 있는 기계를 만들어 낼 것이다."[11] 그 자신 한 명의 선량한 북아메리카인으로서, 슬레이드는 앞으로도 여전히 풍요의 뿔[12]에서 소비재들이 쏟아져 나올 것이라고 예상한다. 그러나 그만큼 어려움이 따를 것이라고 지적한다. 가격 상승, 물자 부족, 새로운 차원의 인간 존엄성 훼손 등의 문제들이 발생할 것이다.[13] 이미 아프리카 같은 곳에서는 희토류 광산 확보를 위한 전쟁이 벌어지고 있다. 휴대 전화 생산에 필요한 콜탄 때문에 전쟁이 벌어진 콩고가 대표적이다. 중국 서부의 신장웨이우얼 자치구의 희토류 개발은 투르크계

주민들에 대한 탄압을 정당화하고 있으며, 마찬가지로 나이지리아 니제르 삼각주의 석유 개발은 오고니 부족의 학살을 불러왔다. 그러나 누가 이런 현상의 심각성과 그것이 북반구 나라들에 미칠 결과에 대해 진정으로 고민하고 있는가? 지금 문제가 되고 있는 것은 법치 국가의 존립 자체다. 우리 사회는 상당히 빠른 속도로 에코파시즘, 에코 전체주의[14]를 향해 다가가고 있다.

다른 한편, 지나친 낭비를 조장하는 생산과 가속화된 소비에 비례하여 증가하는 쓰레기들을 처리할 방법이 없다. 한때 나폴리의 쓰레기 대란[15]이 화제가 되기도 했지만, 산더미같이 쌓인 쓰레기들을 처리할 방법을 찾지 못해 고심하는 건 다른 나라들도 마찬가지다. 만만치 않은 비용이 들어갈 뿐 아니라 아무리 좋은 시설을 갖춰도 환경 오염 물질의 배출이 불가피한 쓰레기 소각로는 모순적인 해결책일 뿐이다. 소중한 잠재적 자원을 파괴할 뿐 아니라 에너지 생산 효율도 높지 않기 때문이다. 특히 전자 제품들이 골칫거리다. 평균 18개월 정도 사용되고 버려지는 휴대 전화는 비소, 안티몬, 베릴륨, 카드뮴, 납, 니켈, 아연 등 생물체에 유해한 다량의 독소를 포함한 쓰레기 더미들을 만들어 낸다. 이것들을 소각한다는 것은 다이옥신과 푸란, 그 밖의 오염 물질을 대기 중으로 뿜어낸다는 것을 의미한다. 그럼에도 2002년 미국에서는 여전히 작동 가능한 휴대 전화 1억 3000만 대가 폐기 처분됐다. 이런 추세는 앞으로 더욱 심해질 것으로 보인다. 휴대 전화를 한 대만 소유하는 것이 양말 한 켤레로 살아가는 것만큼 이해할

4 계획적 진부화의 한계

수 없는 일이 되는 시대가 곧 올 것이다.[16]

　이런 식의 태도는 '진부화'라는 말 자체를 진부한 것으로 만들어 버린다. 전자 제품 폐기물의 처리 능력이 한계에 이르렀지만 어떤 장기적인 대책으로도 해결 기미가 보이지 않는다. 우리는 이를테면 낭떠러지 앞에 서 있는 셈이다. 자일스 슬레이드는 한마디로, 전 세계적 생산력을 동원해도 미국이 현재의 리듬대로 전자 제품과 그 폐기물을 지속적으로 수출하기 위해 필요로 하는 충분한 양의 컨테이너를 생산할 수 없다고 지적한다.[17] 설사 컨테이너가 준비된다고 해도 그것들을 실어 나를 선박이 충분하지 않다. 불법 폐기물까지 감안한다면 상황은 더욱 심각해진다. 다른 한편, 슬레이드는 휴대 전화 생산업체들이 서아프리카의 혼란스러운 상황에 책임이 있다고 단언한다. 휴대 전화를 생산할 때 필요한 귀금속과 희토류를 최대한 아껴서 사용하고 전화기를 폐기할 때는 지금처럼 떳떳하지 못한 방식으로 아프리카에 재활용을 맡길 것이 아니라 체계적인 방식으로 수거하는 것이 옳다. 영화 「전구 음모 이론」은 인상적인 장면들을 통해 유독성 폐기물이 가나로 수출되는 방식을 보여 준다.(나이지리아에서도 같은 일이 벌어지고 있다.) 폐기 처분된 컴퓨터들이 가득 실린 컨테이너를 합법적 수출품으로 가장하기 위해 맨 앞에 중고 컴퓨터 몇 대를 놓는 수법이 사용된다. 금속 조각을 찾아내기 위해 어린아이들이 컴퓨터 잔해들을 뒤진다. 그 과정에서 아이들은 컴퓨터 본체가 탈 때 나오는 유독 가스를 고스란히 들이마신다.

밴스 패커드는 자원 위기가 불가피하게 발생하면, "농부들은 트랙터 구입을 위해 말들을 팔아 개먹이 신세로 만들어 버린 것을 땅을 치며 후회하게 될 것이다."[18]라고 경고한다. 그리고 과학자이자 미래학자인 해리슨 브라운이 내린 결론을 인용한다. "내일의 사회는 개인의 자유를 희생시키는 대가로 국가 관리 체제를 강화하는 방향으로 조직될 것이다."[19] 이 의견에 전적으로 동의한다. 조지 오웰의 『1984』에 묘사된 것보다 더 냉혹한 빅 브라더(Big brother)가 세상을 지배할 날이 멀지 않았다. 우리가 만약 새로운 길을 찾지 못한다면 이런 세계의 도래를 막을 방법은 없을 것이다.

그러나 패커드와 슬레이드가 제시한 해결책만으로는 충분치 않다. 이들의 제안은 오늘날 이른바 지속 가능한 발전이라고 부르는 것과 비슷하다. 즉 성장 사회 자체를 문제 삼지 않으면서 자원과 인구 사이의 균형을 유지하자는 것이다. 패커드는 예를 들면 설비들을 구입하지 말고 빌려서 사용하자고 제안한다. 이는 실제로 여러 도시에서 시범적으로 운영된 적이 있는 방법이다. "자동차, 가구, 가전제품을 수리 보증 계약서와 함께 임대해서 사용할 경우 아마도 가격은 더욱 비싸지고 소비자들은 물건의 주인으로서 느끼던 자만심을 포기해야 할 것이다. 하지만 이런 태도는 짧은 수명으로 물건을 만드는 현재의 방식에 일격을 가하게 될 것이다. 생산자들은 돌연 태도를 바꾸어 제품의 수명을 연장하고, 수리가 용이하도록 형태를 단순화시키고, 너무 빨리 구식화되지 않는 스타일을 채택하기 위해 고심하게 될 것이다."[20] 독일에서는 생태주의자들의 압력으로 이런 방식이 장려되기도 했다. 1990년부터 제록스(대부분 임대 형식으로 이용되는 복사기를 전문적으로 생산하는 업체)는 제품의 수명이 다해도 그것을 재활용할 수 있는 방식으로 전체 모델을 설계하는 프로그램을 운영하고 있다. 소비자가 더 이상 사용하지 않는 제품들을 제록스에 반납하면 회사는 전체 부품 중 상당수를 재활용한다.[21] 에코 디자인(eco-design)이 흥미로운 방법임에는 틀림없다. 쉽게 분해되고, 수리되고, 재사용되고, 재활용되는 제품의 생산을 권장할 필요가 있다. 이미 이런 방향으로 몇몇 실험적인 시도가 있어 왔다. 스위스 섬유 회사 로너와 디자인텍스는 수명이 다하면 자연 분해가 가능한 태피스트리 소재를 생산하고 있다. 또 다른 회사가 내놓은 유기 소재의 양탄자는 오래 사용해서 해어지면 정원에서 짚으로 사용할 수 있다. 유명한 독일의 화학 기업 바스프는 무한하게 재활용이 가능한 나일론 섬유로 만든 천을 개발했다. 이 섬유는 천을 다 사용하고 난 후 기본 요소들로 분해하여 다시 새로운 제품 생산에 사용하는 게 가능하다. 독일의 저명한 화학자이자 산업 생태학 이론가인 미하엘 브라운가르트 역시 코지마 단노리트세르의 영화 속에서 이런 종류의 해법을 주장한다. 그가 보기에 관건은 성장 반대론자들이 주장하듯 소비를 자제하고 쓰레기를 줄이는 것보다는 생산과 소비 과정을 자연의 순환과 비슷한 선순환으로 만드는 것, 다시 말해 '순환 경제'를 발명하는 것이다. 자연은 사실상 쓰레기를 만들어 내지 않는다. 자연은 모든 것을 재활용한다. 그렇다고 검약을 실천하는 것은 아니다! 따라서 제품의 에코 디자인을 일반화하여, 제조 과정에 재활용이 가능하고, 생(生)분해되며, 독소를 포함하지 않는 요소만을 투입하자는 것이다. 그리하여 녹색 화학, 감자 전분으로 만든 바이오플라스틱(bioplastic)이 승리를 거두게 될 것이다. 무엇보다 한 회사가 내버린 폐기물이 다른 회사들에게는 '영양분'이 될 수 있어야 한다.[22]

사회 경제적 시스템의 산업 신진대사에 대한 연구에 기초한 이 제안은 생태 공학 덕분에 실현 가능해진 다음의 네 가지 목표를 기업들에게 제시한다. 첫째, 에너지와 원료 사용 최적화(좁은 의미의 생태 효율), 둘째, 오염 물질 배출 최소화와 생산 시스템 내부 순환 물질의 재활용(확장된 의미의 생태 효율), 셋째, 경제 활동의 비물질화, 넷째, 기후 변화에 대응하기 위해 화석 연료 등 비재생 에너지원에 대한 의존 탈피.

이런 제안이 현실화된 좋은 예가 덴마크의 칼룬보르 산업 단지로, 이 분야 활동가들 사이에서 '모범적인 산업 생태계'로 손꼽힌다. 이곳에서는 분해자(곰팡이나 세균 등)가 다른 동식물의 노폐물이나 시체에서 영양분을 흡수하는 자연 생태계에서처럼, 한 기업이 내보내는 부산물이나 폐기물이 다른 기업에게 원료 구실을 한다.[23] 예를 들면 정제 공장은 화력 발전소에서 유실된 열을 사용하고, 석유에서 추출한 황을 화학 회사에 되판다. 화학 회사는 칼슘 황산염을 벽 패널 제조업체에 공급하고, 발전소에서 추가적으로 발생하는 증기는 수경

재배 회사와 주택 온실의 물을 가열하는 데 사용된다. 그 결과 상당량의 자원을 절약하고 최종 폐기물의 양을 줄이는 게 가능해졌다. 물론 이 모든 것은 최대한 시장 경제의 법칙을 존중하는 속에서 이루어진 것이다.

그러나 설사 이런 전략들이 기업들에 의해 자발적으로 채택된다 하더라도 이 '성공 스토리'가 일반화되는 것이 가능할까? 포식(捕食)과 소비 지상주의적 낭비, 쓰레기의 대량 생산에 기초한 축적의 경제가 멋진 순환 경제로 전환될 수 있을까? 어찌 되었든 '보이지 않는 녹색 손'까지 들먹이는 건 지나친 비약이 아닐 수 없다. 일부 오염 감축과 관련된 분야에서 고무적인 결과들을 얻었다면 그것은 공공 정책들 덕분이다. 세금이나 그 밖의 면에서 최소한의 우대 혜택이 제공되지 않는다면 긍정적인 방향으로의 변화는 미미한 수준에 그칠 것이다. 기업들이 환경 문제 해결을 위해 자기 조절적인 태도를 취하고 있다고 자랑하는 것은 지구 생태계 파괴에 일조한 대가로 책임을 지고 제약을 감수해야 하는 상황을 모면하기 위해서일 뿐이다.[24] 과연 기업의 사회적 책임이, 3세기 전부터 우리를 지배해 온 자본주의 체제를 인간적이고 생태 친화적인 것으로 바꿀 수 있을까?

기술 혁신이나 단순한 투자 전환을 통해 별 노력도 고통도 지불하지 않고, 더욱이 부를 늘려 가면서 생산주의적 산업 시스템과 자연적 균형의 공존을 유지할 수 있다고 믿는다면, 그것은 신화에 불과하다. 성장 반대론자들은 이런 신화를 믿지 않는다.[25]

결론: 탈성장 혁명

훗날 계획적 진부화라는 이름으로 모습을 드러내게 될 현상에 대한 비판의 맹아는 산업 혁명 초창기부터 존재했다. 이른바 유토피아적 사회주의자로 불리는 이들이 이 비판을 주도했다. 그들에게 계획적 진부화는 자연이 우리에게 베푸는 선물에 대한 엄청난 배은망덕이자 인간 노동에 대한 멸시를 의미했다. 하지만 앞에서 살펴봤듯이 루이스 멈퍼드, 존 케네스 갤브레이스, 밴스 패커드 등이 계획적 진부화에 대한 비판적 분석을 토대로 본격적인 공세를 펼치기 시작한 것은 1960년대에 이르러서였다. 포드주의적 라인 생산 모델의 도입과 소비 사회의 부상으로 계획적 진부화는 이미 집단적 현상이 된 터였다.

인류에게 미래가 존재하기를 바란다면 우리는 탈성장 사회를 건설해야 한다. 생산하고 소비하는 방식뿐 아니라 생각하는 방식까지

급진적으로 변화시켜야 한다. 특히 계획적 진부화를 제품의 지속 가능성, 수리 가능성, 계획적 재활용으로 대체함으로써 우리의 생태 발자국(EF, ecological footprint)[1]을 줄이고 자연 자원 채취량을 지속 가능한 수준으로 유지해야 한다. 전환 마을(transition town)[2] 매뉴얼의 에너지 감축 모델에 따른 '생산 감축' 계획을 추진함으로써 성장 없는 번영과 검소한 풍요의 사회로 전환하는 방안을 고려해야 한다. 아일랜드(항구 도시 코크 인근의 킨세일)에서 시작되었고 그 후 영국(토트네스)에서 만개한 전환 마을 운동이야말로 아래로부터 시작하여 탈성장 사회의 형태에 접근해 가는 가장 좋은 예다. 이 네트워크의 헌장에 따르면, 이 마을(도시)들은 화석 에너지 고갈 시점에 대비하여 에너지 자립을 달성하는 것, 더 일반적으로는 '레질리언스(resilience)'[3]를 갖추는 것을 목적으로 삼는다.

현실성과 의지를 모두 고려한 일정에 맞춰, 가능하다면 편안함을 희생시키지 않으면서도 재화의 지속성과 더불어 수리와 에코 디자인 체계를 조직하는 것이 중요하다. 1972년 2월에 이미 유럽 연합 집행 위원회 부의장 시코 만솔트는 의장 프랑코 마리아 말파티에게 보내는 서한에서 "모든 설비재 수명의 연장"이 필요하다고 역설했다. 그러나 불행하게도 그 후 40여 년이 흐르는 동안 상황은 개선되기는커녕 더욱 악화되기만 했다. 머지않아 우리는 선택의 여지가 없는 상황에 직면하게 될 것이다. 우리는 생태 발자국을 줄여야 할 것이고, 배급제를 통해 비재생 에너지를 사용해야 할 것이다. 그때가 되면 아마도 지금의 폐차 장려금 제도와 정반대로 설비를 가장 오래 사용하는 이들이 보너스를 받게 될는지도 모른다.

　탈성장의 실현을 위해 에너지를 많이 소비하는 장비의 사용을 줄여야 하는 건 사실이지만, 우리를 비판하는 이들이 흔히 말하듯 촛불을 사용하던 시대로 되돌아가거나 금욕주의적 고행을 실천하자는 말은 아니다. 오스트리아 철학자 이반 일리히, 그리고 그 전에 마하트마 간디가 제안했듯이, 환경을 파괴하는 상품을 보이콧하고 기술적 금욕(technojeûne)[4]을 실천하는 것은 모든 종류의 편리함을 거부하고 기술을 혐오하는 태도와 다르다. 철학의 오랜 전통은 행복을 얻기 위해 욕구를 제한할 것을 권장해 왔다. 고대 그리스 철학자 에피쿠로스는 "적은 것에 만족하지 못하는 인간은 어느 것에도 만족하지 못한다."라고 했다. 그리고 그의 제자 루크레티우스는 다음과 같은 생각을 피력했다. "만약 네가 자신이 가지지 못한 것을 계속 욕망한다면 너는 자신이 가진 것을 멸시할 것이요, 네 삶은 충만함도 매력도 없이 흘러가 버릴 것이다. 그리고 네가 포만과 만족 속에서 세상을 떠날 채비를 하기도 전에 돌연 죽음이 나타나 네 머리맡에 버티고 설 것이다." 결혼식 날 밤 남편을 죽인 죄로 영원히 저승에서 밑 빠진 독에 물을 붓는 형벌을 당하는 다나오스의 딸들(Danaïdes)에 관한 신화 역시 인간의 만족할 줄 모르는 욕심을 잘 보여 준다. 독일의 생태 철학자 한스 요나스는 무한한 추구는 '무한한 실패'로 귀결된다고 역설했다.

　검약과 자기 통제(autolimitation)의 선택은 마조히즘이나 희생정신이 아니라 소비주의적 양식, 기술 과학과 시장이 결합된 독재 체제를 거부하면서 최소한의 자율성을 확보하려는 의지다. 우리의 소비와 생산에 불가피하게 제약을 가하고, 자연과 노동에 대한 자본의 지나친 착취를 중단하는 것은 내핍과 고된 노동으로 점철된 삶으로의 '회귀'를 의미하지 않는다. 오히려 반대로 우리가 지나친 물질적 안락을 포기할 수 있다면 이는 창조성의 해방, 공생의 재발견, 존엄적 삶의 가능성을 의미한다.[5] 고갈되어 가는 에너지원에 대한 의존성을 포함하여 타율성을 증가시키는 기계들을 공생을 위한 도구들로 대체하는 것은 최소한의 편안함마저 거부하는 것을 의미하지 않는다. 예를 들어 세탁기는 우리가 포기하기 힘든 것들 중 가장 대표적인 예다. 탈성장을 주제로 한 토론에서 여성 참가자들이 자주 강조하는 바이기도 하다. 마리노 루체넨티는 다음과 같이 지적한다. "(기술 진보가 가져온) 여러 가지 대조적인 장점들을 평가할 때, 전통적인 관습을 혁명적으로 변화시키는 데 자동차보다 훨씬 큰 역할을 한 내구 소비재를 꼽으라면 세탁기를 들 수 있다. 세탁기는 매일 손으로 옷을 빨아야 하는 노동으로부터 여성(인민)들을 해방시켜 줌으로써 결과적으로 자신의 처지에 대해 숙고할 시간을 벌게 해 주었다."[6] 솜씨 좋은 생태주의자들은 회전 드럼과 자전거를 결합하여 페달을 밟아 돌리는 세탁기를 발명하기도 했다.[7] 이 장치는 전기가 들어오지 않는 지역에서 매우 유용하게 쓰일 것이고, 에너지 사용이 엄격하게 제한된 경우에 긴급 해결책이 될 수 있을 것이다. 그럼에도 앞으로도 오랫동안 세탁기가 사라질 것 같지는 않다. 사륜 바이크, 개똥을 흡입하는 진공청소기, 바람으로 낙엽을 밀어내는 기계 등속보다야 훨씬 오래가지 않겠는가. 어쨌든 그러기를 바라야 하지 않을까.

계획적 진부화에 저항하고 검소한 풍요의 사회로 전환하는 방법을 고민할 때, 가정에서 소비되는 물질적 내구재 중 하나인 세탁기는 좋은 출발점이 될 수 있다. 세탁기는 대부분 각 가정의 욕실에 두고 개인적으로 사용하는 기계로서 평균 3년을 주기로 교체하는 게 일반적이다. 특히 라틴 문화권에서 이런 세탁기 사용 방식이 일반화된 것은 알다시피 더러운 옷은 제 집에서 빨아야 한다는 관념 때문이다. 그러나 스웨덴처럼 오랜 사회 민주주의 전통을 자랑하는 프로테스탄트 국가들에서는 오래전부터 공동으로 기계를 사용하는 방식이 정착되었다. 이곳에서는 대부분 공동 주택 지하에 공동 소유의 세탁기가 설치되어 있고 건물 관리인이 그것을 관리한다. 개인별로 기계를 사용하는 방식보다 훨씬 생태학적인 이 해결책은 당연히 생태 구역(ecodistrict), 전환 마을의 에너지 감축 계획 등에도 응용된다.

일반적으로 내구재의 공동 사용은 성장 반대론자들이 자신들의 생각을 현실화할 때 효과적인 수단이 된다. 내구재의 공유를 통해 공동체 구성원은 물질적인 일상생활 속에서 더 큰 레질리언스를 갖출 수 있을 뿐 아니라, 미래의 도전 과제들을 함께 풀어 가기 위해 필요한 인간관계를 형성할 수 있다. 에코 디자인이 일반화되기 전까지 우리는 내구재 공유를 통해 품질, 가격, 나아가 제품의 윤리적 차원

(인간적 조건하에서 적절하게 생산되었는지의 여부를 아는 것)에 대한 더 많은 정보를 바탕으로 제품을 선택할 수 있게 될 것이다. 기계의 오작동 문제를 해결하거나 고장 난 물건을 수리할 기술자를 찾는 것, 더 나아가 생산자가 계획적으로 제한한 수명 이상으로 물건을 사용할 방법을 찾는 것은 개인보다는 공동체 내에서 성공할 확률이 훨씬 높다.

세 번째로 꼽을 중요한 점은 비재생 자원을 절약하기 위한 관리와 관련된다. 산업 생산자들은 점진적으로 그러나 예외 없이 제품 생산 과정에서 삽입되는 진부화 장치들을 제거해야 하며, 내구성이 좋고 수리 가능하며 부품들을 쉽게 분리할 수 있는 제품을 공급해야 한다. 앞으로 수년 내에 원자재 가격이 급등하면 이런 길을 택하지 않을 도리가 없을 것이다. 인류의 발전을 연구하는 질베르 리스트는 조지프 스티글리츠의 뒤를 이어 '지구적 공유지', 다시 말해 비재생 자연 자원의 관리를 전 세계를 대표하는 기구에 위임하자고 제안한다.[8] 아직은 유토피아적으로 들리지만, 언젠가는 성취해야 할 일이다. 그리고 빠르면 빠를수록 좋다. 그때까지 어업 분야에서 운영 중인 것과 비슷한 쿼터 시스템[9]을 도입하고 적절한 운영을 위한 수단을 마련해 나가는 것이 현명한 길이다. 이런 해결책이야말로 탈성장의 관점에 완벽하게 부합한다.

그러나 이탈리아 역사학자 피에로 베빌락쿠아가 적절하게 지적했듯이 이런 방법들을 실현하기 위해서는 자연에 대한 태도를 바꿔야 한다. "쓰레기를 그 다양성과 중요성에 따라 분류하는 법을 가르치는 가정 교육은 각 제품의 삶에 대한 전체적(holistic) 관점을 요구하며, 그것들이 광석, 나무, 흙, 강과 바다, 동물 등 한마디로 자연 속살아 있는 모든 것과 원초적으로 맺고 있는 관계를 환기하고 가시화한다."[10]

탈성장 혁명의 핵심은 우리의 상상력을 탈식민화하는 데 있다. 우리의 정신을 지배하고 있는 경제 제국주의를 극복하고, 다시금 세계에 마법의 주문을 걸어야 한다. 우리는 새로운 인류-우주론(anthropo-cosmology)의 출현을 고대한다. 만약 사물들이 그저 사물들에 불과하다면 그것들이 진부화되든 말든 우리와는 별로 상관이 없을 것이다. 그러나 물활론자(animist)와 시인이 믿듯이 생명 없는 사물에도 영혼이 깃들어 있고 그것이 "우리의 영혼과 사랑의 힘에 연결"[11]된다는 게 사실이라면 문제는 전혀 달라진다. 굳이 미신 때문이 아니더라도 우리 부모 세대는 가족의 물건을 소중히 여겼다. 그들은 잘 지어진 옷을 다 해어질 때까지 자랑스럽게 입고 다니다가 경건한 마음으로 보관하고, 가구 하나를 대물림하며 사용했다. 우리 부모 집이나 조부모 집에 있는 그런 물건들은 여전히 우리에게 그 주인들에 대해 많은 이야기를 들려준다. 매우 오래된 자동차, 초창기에 생산된 냉장고 등에 각별한 애정을 보이는 이들도 있다. 다른 제품과 비교가 불가한 이 기계들의 월등한 기술적 장점을 높이 사는 그들은 이것들을 애지중지 관리하고 수리해 가며 오랫동안 사용한다. 아마도 새로운 세대들에서는 이런 태도를 발견하기가 점점 힘들어질 것이다. 무엇보다 현실이 허락하지 않는다. 예를 들어 파리의 작은 원룸에 할머니가 물려주신 노르망디 스타일의 장롱을 어떻게 들여놓겠는가? 증조할아버지가 타던 시트로엥의 구형 모델 트락시옹 아방 15CV를 주차할 만한 차고나 창고를 갖춘 사람이 몇이나 되겠는가? 어쨌든 새것만 좋아하는 우리의 태도는 일회용 제품의 이데올로기에 의해 우리의 의식이 식민화된 결과다. 외형상의 간편함 때문에, 유행을 따라서, 반사적으로 혹은 귀찮아서, 사람들은 꼭 원하거나 필요하지 않아도 물건들을 구입하고는 아쉬움 없이 내다 버린다. 더욱이 소유하는 순간에 이미 수명이 정해진 물건에 어떻게 애정을 느낄 수 있겠는가? 오늘날 우리가 사용하는 최상의 발명품은 아마도 개인용 컴퓨터일 터이다. 일상생활의 충실한 반려자이자 모든 지적 창조 과정의 동료인 이 컴퓨터와 우리는 매우 강한 정서적 관계를 맺을 수도 있을 것이다! 그러나 웬걸! 구입한 지 6개월만 지나면 당신의 컴퓨터는 더 성능 좋은 신모델에 밀려 구식이 되어 버릴 것이고, 3년 후에는 다른 수백만 대의 컴퓨터들과 함께 폐기물이 되는 신세를 면치 못할 것이다.

오늘날 대부분의 사람들 사이에는 물건을 대수롭지 않게 여기는 태도가 만연해 있다. 그러나 불행하게도 이 태도는 만물의 무상함에 대해 명상하면서도 모든 피조물에 대한 존중을 잃지 않는 선불교 승려나 현자의 태도와는 아무 상관이 없다. 자신의 욕망을 다스린 결과가 아니라는 말이다. 오히려 그 반대다. 광고가 끊임없이 우리의 욕망을 자극하고, 금세 구식이 되어 버릴 최신 상품들을 탐내도록 부추기기 때문이다. 원하는 게 있으면 무엇이든 당장 손에 넣어야 직성이 풀리고, 순간적인 흥분과 덧없는 쾌락 이상의 어떤 것에도 관심이 없는 변덕스러운 응석받이, 무감각한 인간의 태도다.

전쟁이 끝난 후, 성탄절 전야에 놓아둔 신발 속에 오렌지 하나가 들어 있는 것을 처음 발견했던 순간을 지금도 잊지 못한다.[12] 나는 그게 헤스페리데스 정원의 황금 사과[13]라도 되는 양 기쁨의 탄성을 내질렀다. 그리고 몇 년이 지난 한여름밤, 집에 냉장고가 있었던 부잣집 아이가 가져온 정육면체의 얼음 조각들을 달콤한 사탕이라도 되는 양 맛있게 씹어 먹던 기억도 난다. 상품만이 넘쳐 나는 가짜 풍요는 우리에게서 자연의 멋진 선물들(혹은 그 선물들을 변형하는 인간의 기발함)에 감탄할 수 있는 능력을 앗아가 버렸다. 이런 감탄의 능력은 우리 마음속에 어머니-대지의 소중함을 깨닫고 그것에 복종하며 살아가는 자세, 더 나아가 일종의 노스탤지어를 고양시켜 준다. 이 능력이야말로 인류의 계획적 진부화라는 암울한 운명을 극복하고 건강한 탈성장 사회를 건설하려는 계획이 성공하기 위해 반드시 필요한 조건이다.

주

1   Tim Jackson, *Prospérité sans croissance. La transition vers une économie durable*(Bruxelles:
     De Boeck, 2010), p. 182.

머리말

1   Vance Packard, *L'Art du gaspillage*(Paris: Clamann-Lévy, 1962). 원제는 *The Waste Makers*.
     [옮긴이]저자는 프랑스어 제목『낭비의 기술』로 인용했지만 혼란을 피하기 위해 영어 원
     제를 번역해 옮긴다. 뒤에 나오는 책 제목들도 원어 기준으로 옮겨 적되, 한국어 번역서
     가 있는 경우 그 제목을 따랐다.

2   프랑스어 판 제목은 *L'Ère de l'opulence*(Paris: Calmann-Lévy, 1961), 한국어 번역서는 노
     택선 옮김,『풍요한 사회』(한국경제신문사, 2006).

3   Giles Slade, *Made to Break:Technology and Obsolescence in America*(Cambridge: Harvard
     University Press, 2006).

4   프랑스어 제목은「*Prêt à jeter*」, 영어 제목은「*The Light Bulb Conspiracy*」, 독일어 원제는

114

「Kaufen für die Müllhalde」이다. 이 영화는 아르테(Arte) 채널을 통해 여러 차례 방영됐고, 특집 방송 주제로도 선정되었다. [옮긴이]한국에서는「전구 음모 이론」이라는 제목으로, 2013년 제10회 서울환경영화제에서 소개되었다.

5 이름을 모두 언급하기는 어렵지만 많은 저자들에게 빚을 지고 있음을 밝혀 둔다. 그리고 이 책의 초고를 검토하고 날카로운 지적과 조언을 아끼지 않은 나의 친구들, 크리스티앙 아로, 소피 카탈라, 디디에 아르파주, 베르나르 르그로, 질베르 리스트, 마이클 싱글턴 에게 특별히 감사의 마음을 전한다.

서론: 성장 중독

---

1 일반적으로 사용되는 프랑스어 번역어 cage de fer(쇠 우리)보다 corset de fer(철 코르 셋)이 독일어 표현인 stahlhartes Gehäuse의 의미를 더 정확히 반영한다는 게 내 생각이 다. [옮긴이]막스 베버는 근대 관료제가 초래하는 인간 소외를 비판하기 위해 '쇠 우리 (iron cage)'라는 표현을 사용했다.

2 Tim Jackson, op. cit., p. 104.

3 Jean Charles Léonard Simonde de Sismondi, *Nouveaux principes d'économie politique, ou De la richesse dans ses rapports avec la population*[1819], 2 tomes(Genève-Paris: Éditions Jeheber, 1951).

4 [옮긴이]농장 폐기물로 가스를 만드는 장치를 말한다.

5 Paolo Cacciari, *Pensare la decrescita. Sostenibilità ed equita*(Naples: Cantieri Carta/Edizioni Intra Moenia, 2006), p. 102.

6 Bertrand Leclair, *L'Industrie de la consolation*(Genève: Verticales, 1998) 참조.

7 불행히도 프랑스는 이 분야에서 선두를 달리고 있다. 2005년 한 해 동안 프랑스인들이 구입한 항우울제는 4100만 갑에 달했다. Pascal Canfin, *L'Économie verte expliquée à ceux qui n'y croient pas*(Paris: Les Petits Matins, 2006), p. 110.

8 Gilles Lipovetsky, *Le Bonheur paradoxal. Essai sur la société d'hyperconsommation*(Paris:

Gallimard, 2006).

9   Andrew S. Grove, *Only the Paranoid Survive*, Christian Laval, *L'Homme économique. Essai sur les racines du néo-libéralisme*(Paris: Gallimard, 2007), p. 450에서 인용.

10   Dominique Belpomme, *Avant qu'il ne soit pas trop tard*(Paris: Fayard, 2007), p. 211.

11   Vance Packard, p. 26에서 인용.

12   Ibid.

13   Tim Jackson, op. cit., p. 187.

14   월드워치연구소(Worldwatch Institute) 보고서(State of the World 2000), Piero Bevilacqua, *La terra è finita. Breve storia dell'ambiente*(Rome-Bari: Laterza, 2006), p. 80에서 인용. 프록터앤갬블(P&G)의 경영진은 다음과 같이 선언했다. "매년 신제품을 출시하는 것만이 우리 같은 기업이 살아남는 길이다." Jean-Paul Besset, *Comment ne plus être progressiste ······ sans devenir réactionnaire*(Paris: Fayard, 2005), p. 144에서 인용.

15   Vance Packard, p. 36.

16   Ibid., p. 304. 제너럴 모터스사의 한 중역은 다음과 같이 말했다. "경제적 번영은 불만족스러운 감정을 불러일으킬 수 있는가에 달려 있다." Paco Puche in Carlos Taibo(dir.), *Decrecimientos. Sobre lo que hay que cambiar en la vida cotidiana*(Madrid: Catarata, 2010), p. 194에서 인용.

17   Frédéric Beigbeder, *99frans*(Paris: Grasset, 2000). 한국어 번역서는 문영훈 옮김, 『9,990원』(문학사상사, 2004). Stefano Bartolini, *Manifesto per la félicita. Come passare dalla società del ben-avere a quella del ben-essere*(Rome: Donzelli, 2010), p. 4에서 인용. 광고계의 권위자 자크 세귀엘라는 의미심장한 제목의 저서 『돈은 아무 생각이 없다. 생각만이 돈을 만들어 낸다(*L'argent n'a pas d'idées, seules les idées font de l'argent*)』(Paris: Seuil, 1993)에서 다음과 같이 고백한다. "우리는 과소비 사회 속에서만 발전을 계속할 수 있다. 과잉 공급은 시스템의 필연적 산물이다. 이 취약한 시스템은 욕구를 부추기는 방식에 의해서만 지속될 수 있다."

18   Giles Slade, p. 265.

19   이탈리아 정치인 파올로 카치아리는 유용성이 큰 상품과 무용성이 큰 상품을 구별한다. Paolo Cacciari, *Decrescita o barbarie*(Naples: Carta/edizioni Intra Moenia, 2008), p. 29 참조.

20 Bernard Maris, *Antimanuel d'économie*, t. 2, *Les cigales*(Paris: Bréal, 2006), p. 49.

21 Ibid., p. 52.

22 Vance Packard, p. 214에서 인용.

23 André Gorz, *Capitalisme, socialisme, écologie*(Paris: Galilée, 1991), p. 170.

24 Michael Löwy, *Écosocialisme. L'alternative radicale à la catastrophe écologique capitaliste*(Paris: Mille et une nuits, 2011), p. 145. 광고 시스템은 "거리와 공용 공간을 훼손하면서 점령할 뿐 아니라, 도로, 도시, 교통수단, 역, 경기장, 해변, 축제 현장 등 공공적인 성격을 띤 모든 곳을 제 것으로 삼는다." 더 나아가, 광고는 "낮을 점령하는 것도 모자라 온 밤을 가득 채운다. 광고는 인터넷을 뒤덮고, 언론사들에 재정적 의존을 강요함으로써 신문들을 식민화한다. 그중 몇은 가련한 광고 매체로 전락해 버린다. 현시대의 가장 중요한 문화적 매체에서 시청률을 독점할 수 있는 텔레비전 광고는 대량 살상 무기나 다름없다. 이것만으로는 충분하지 않다. 광고는 사생활 속까지 침투한다. 우편함, 전자 우편함, 전화, 비디오, 욕실의 라디오에까지 침투한다. 이런 식으로 광고는 과거의 입소문을 대신한다." Jean-Paul Besset, op. cit., p. 251.

25 [옮긴이]환산하면, 1년 동안 매주 28~32시간이다.

26 [옮긴이]연성 뉴스라고도 한다. 수용자의 즉각적인 반응을 유도하는 흥미 위주의 정보를 제공한다.

27 Benjamin Barber, *Comment le capitalisme nous infantilise*(Paris: Fayard, 2007), p. 200.

28 [옮긴이]전두엽 백질 제거 수술.

29 "텔레비전에 대해 말할 수 있는 방법은 여러 가지가 있겠지만, '비즈니스' 관점으로 볼 때는 현실주의자가 될 필요가 있다. 근본적으로 TF1의 일은, 예를 들어 코카콜라가 상품을 판매하도록 돕는 것이다. 그런데 광고 메시지를 인식하기 위해서는 시청자들의 뇌가 미리 그럴 준비가 되어 있어야 한다. 우리가 만드는 프로그램은 그들을 준비시키는 임무를 수행한다. 다시 말해, 광고 메시지들 사이에 오락과 기분 전환을 제공함으로써 그들을 준비시키는 것이다. 우리가 코카콜라에 판매하는 것은 바로 인간 뇌의 준비된 시간이다." Patrick Le Lay, *Les Dirigeants face au changement*, Patrick Viveret, *Reconsidérer la richesse*(Paris: Éditions de l'Aube, 2003), p. 32에서 인용.

30 Günther Anders, *L'Obsolescence de l'homme. Sur l'âme à l'époque de la deuxième révolution industrielle*(1956)(Paris: Encyclopédie des nuisances, 2002), p. 197. [옮긴이]독일어 원

제는 *Die Antiquierthert des Menschen: Über die Seele im Zeitalter der zweiten industriellen Revolution.*

31 Günther Anders, proverbe molussien, ibid., p. 198.

32 Vance Packard, p. 232.

33 [옮긴이]새로운 것에 집착하는 경향을 말한다.

34 [옮긴이]'미디어는 메시지다', '지구촌' 등 유명한 표현을 처음 사용한 미디어 비평의 선구자 마셜 매클루언의 이름을 빗대어 만든 수식어다.

35 Giles Slade, p. 274.

36 Vance Packard, p. 151에서 인용.

37 복리 대출 혹은 복리법은 주기적으로(예를 들면 매달 혹은 매년) 원금에 이자를 누적하는 방식이다. 원금을 갚지 않을 경우 매우 빠른 속도로 전체 빚이 증가하므로 처음 빌린 원금보다 이자가 더 커지는 사태가 발생한다.

38 Giorgio Ruffolo, *Crescita e sviluppo: critica e prospettive*(Falconara/Macerata, 8-9 novembre 2006).

39 비즈니스 공용어로서 영어가 금융, 경제 분야의 언어로 군림하고 있다. [옮긴이]여기서 골든 패러슈트는 황금 낙하산으로, 적대적 인수 합병 방어 전략으로 임원에게 높은 퇴직 보너스를 약속하는 것을 말한다.

40 [옮긴이]Homo economicus. 경제인(Economic man)으로 옮기기도 한다. 순전히 영리적 계산에만 의거해서 행동하는 인간 유형을 말한다. 18세기 이후 영국의 고전적 자유주의 경제학에서 경제 사회의 합리성을 설명하기 위해 도입한 이론적 전제다.

41 Serge Latouche, *Justice sans limites*(Paris: Fayard, 2003)에 실린 분석 참조.

42 Vance Packard, p. 179.

43 Ibid., p. 159.

44 Ibid., p. 152.

45 Günther Anders, *L'Obsolescence de l'homme*, op. cit., p. 200.

46 Ibid., p. 202.

47 Alain Gras, "Internet demande de la sueur," *La Décroissance*, n°35(décembre, 2006).

1 Giles Slade, p. 4. 리트레(Littré) 사전에 따르면, obsolescence라는 말이 처음 등장한 것은 1877년이다. 본래 더 이상 사용하지 않게 된 단어나 관용어구를 지칭하기 위해 문법학자들이 사용하던 말이었다.

2 Thorstein Veblen, *Théorie de la classe de loisir*(1899)(Paris: Gallimard, 1963). 한국어 번역서는 김성균 옮김, 『유한계급론』(우물이있는집, 2012).

3 Giles Slade, op. cit., p. 263.

4 Jean Romœuf (dir.), *Dictionnaire des sciences économiques*(Paris: PUF, 1956).

5 Giles Slade, p. 5.

6 Stuart Ewen, *Consciences sous influence. Publicité et genèse de la société de consommation*(1977)(Paris: Aubier, 1983).

7 Jean-Claude Michéa, *Le Complexe d'Orphée. La gauche, les gens ordinaires et la religion du progrès*(Paris: Climats, 2011), p. 247.

8 Günther Anders, *L'Obsolescence de l'homme*, op. cit., p. 69.

9 Vance Packard, p. 79.

10 오스람, 필립스, 제너럴 일렉트릭사 등 스위스의 조명 회사 푀부스의 지분을 소유한 회사들이 모여 경쟁 완화를 위해 각 회사의 판매 지역을 정하고 전구 수명 시간을 1000시간 이하로 제한하기로 담합했다. 이른바 푀부스 카르텔(Phoebus cartel)이다.

11 Umberto Eco, *Comment manger une glace*(1989), in *Comment voyager avec un saumon*(Paris: Le Livre de poche, 2000), p. 185. 한국어 번역서는 이세욱 옮김, 「아이스크림을 먹는 방법」, 『세상의 바보들에게 웃으면서 화내는 방법』(열린책들, 2003). [옮긴이] 여기서 스파르타인은 엄격한 사람을, 시바리스인은 사치와 향락을 즐기는 사람을 일컫는다.

2 계획적 진부화의 기원과 영역

1 [옮긴이]'나는 좋은 일을 한다.'라는 의미의 그리스어에서 유래한 말로, 고대 그리스 사회에서 부자나 지체 높은 사람이 공동체에 자신이 소유한 부의 일부를 베푸는 관행을 지칭한다.

2 [옮긴이]'베풀다', '건네주다'의 의미로, 부와 지위를 과시하기 위해 잔치에 온 손님들에게 오랫동안 준비해 온 선물들을 경쟁적으로 나눠 주던 관습이다. 부족 간 사회적 관계 형성과 자원 재분배의 역할을 수행했다.

3 이 점에 대해서는 조르주 바타유가 「소모의 개념(*La Notion de dépense*)」(1933), 「저주의 몫(*La Part maudite*)」(1949)에서 탁월하게 분석했다. 두 글은 그의 저서 *La Part maudite*(Paris: Minuit, 1967)에 함께 실려 있다. 한국어 번역서는 조한경 옮김, 『저주의 몫』(문학동네, 2000).

4 [옮긴이]편승 효과, 밴드왜건 효과라고도 한다.

5 [옮긴이]디렉투아르 양식은 1795~1799년의 5인 집정관(Directoire)의 양식이라는 의미에서 붙여진 이름으로, 루이 16세 양식과 앙피르 양식 사이의 과도기에 해당한다. 로코코의 과도한 장식에 반발하여 고대의 순수성을 부활하려는 경향을 띠었다. 프랑스 제1제정 시대(1804~1814년)에 유행한 앙피르 양식은 과거 로마 제국의 장중한 형태를 추구했다. 이 양식은 이 후 변형을 거듭하며 유럽 전역으로 확산되었다.

6 [옮긴이]인디언들의 신이다.

7 Jean Baptiste Colbert, *Lettres et mémoires*, cité par René Passet, *Les Grandes Représentations du monde et de l'économie à travers l'histoire*(Paris: Les Lines qui libèrent, 2010), p. 135.

8 Vitruve, *Les dix livres d'architecture*, préface du livre IX에서 인용.

9 William Morris, *L'Âge de l'ersatz et autres textes contre la civilisation moderne*, présenté par Olivier Barancy(Paris: Encyclopédie des nuisances, 1996). "윌리엄 모리스가 수년간 빈도수를 높여 사용한 'makeshift(부득이한 수단, 미봉책, 대체물, 대용품)'라는 단어를 'ersatz(모조품)'라고 옮긴 것은 의도적인 오역이다."(p. 16)

10 Ibid., p. 121.

11 Ibid., p. 17.

12 Ibid., p. 123.

13 Pierre Kropotkine, *La Conquête du pain. L'économie au service du tous*(1892)(Paris: Éditions du Sextant, 2006), p. 31.

14 *Le Monde*, 2012년 5월 13~14일.

15 Paul Lafargue, *Le Droit à la paresse*(1880)(Paris: Mille et une nuits, 2000), p. 41. 한국어 번역서는 차영준 옮김, 『게으를 권리』(필맥, 2009).

16 Marino Ruzzenenti, *L'autarchia verde*(Milan: Jaca Book, 2011).

17 Vance Packard, p. 52에서 인용.

18 Ibid., p. 161.

19 Ibid., p. 162에서 인용. 어니스트 디히터는 다음과 같이 덧붙였다. "20세기 초만 해도, 청교도적 금욕 때문에 미국 국민은 상인들과 경영인들이 그들에게 제공할 준비가 되어 있었던 엄청난 새로운 부를 제대로 누리지 못했다. 1950년 무렵 경영인들은 모든 수단을 동원하여 소비자들로 하여금 스스로 시바리스인처럼 행세하도록 만들려고 애썼다."

20 Vance Packard, p. 51.

21 Ibid., p. 170.

22 Pierre Martineau, *The New Consumer*, ibid., p. 171에서 인용.

23 Giles Slade, p. 18.

24 Sinclair Lewis, *Babbitt*(New York: Harcourt, Brace & Co., 1922), ibid., p. 15에서 인용. 한국어 번역서는 이종인 옮김, 『배빗』(열린책들, 2011).

25 Giles Slade, p. 36.

26 Ibid., p. 45에서 인용.

27 Ibid., p. 58.

28 Ibid., p. 60.

29 Ibid., p. 61.

30 Ibid., p. 66.

31 Vance Packard, p. 110.

32 Ibid., p. 114.

33 Ibid., p. 110.

34   Ibid., p. 27.

35   Ibid., p. 113.

36   Ibid., p. 122.

37   Ibid., p. 124.

38   Ibid., p. 55.

39   [옮긴이]원문에는 영국 기준인 4.5리터라고 되어 있으나 옮긴이가 임의로 미국 기준으로 수정했다.

40   Serge Latouche, "Le revers de la production," *Traverses*, n° 12(Le Reste 2)(octobre, 1978).

41   "과잉 재고의 파괴 혹은 변질. 과거 이 말은 독점 생산자들이 더 높은 수익을 올리기 위해 고의적으로 생산량을 줄이거나 유용한 물건들을 폐기 처분하는 관행을 가리켰다." Jean Romœuf (dir.), *Dictionnaire des sciences économiques*, op. cit.

42   "유통 기한을 단축하는 것은 식품 안전에 대한 고려 때문이기보다는 판매업자들이 원하는 진부화의 리듬을 유지하기 위해서다." Patrick Piro, "Gaspillage alimentaire, l'ampleur du scandale," *Politis*(12 juillet, 2012).

43   Andrea Sergre, *Last Minute Market. La banalità del bene e altre storie contro lo spreco*(Bologne: Edizioni Pendragon, 2010); Andrea Segre et Luca Falasconi, *Il libro nero dello spreco in Italia: il cibo*(Milan: Edizioni ambiente, 2011); *Il libro blu dello spreco in Italia: l'acqua*(Milan: Edizioni ambiente, 2012).

44   프랑스에서 푸드 뱅크에 의해 수거되는 음식물 양은 보잘것없는 수준이다. 매년 버려지는 음식물은 1800만 톤이 넘지만 수거되는 양은 8만 7000톤에 그친다. *Politis*(12 juillet, 2012).

45   Philippe Chanial, *La Sociologie comme philosophie politique et réciproquement*(Paris: La Découverte, 2011)에서 인용.

46   Giles Slade, p. 228.

3 계획적 진부화는 도덕적인가?

1   Günther Anders, *L'Obsolescence de l'homme*, op. cit., p. 241.

2   Giles Slade, p. 72.

3   Ibid., p. 69에서 인용.

4   Ibid., p. 72.

5   Ibid., p. 164에서 인용.

6   Vance Packard, p. 278에서 인용.

7   Giles Slade, p. 170.

8   Ibid., p. 171.

9   Ibid., p. 166.

10   Ibid.

11   Vance Packard, p. 238에서 인용.

12   [옮긴이]나치의 유대인 학살 책임자.

13   [옮긴이]물리적 형태로는 존재하지 않고 서류상으로만 존재하며 회사 기능을 수행하는 회사를 뜻한다.

14   Edward Bernays, *Propaganda*(Paris: La Découverte, 2007), p. 21. 프랑스어 판 소개에서 인용. 한국어 번역서는 강미경 옮김, 『프로파간다』(공존, 2009).

15   Marino Ruzzenenti, *L'autarchia verde*(Milan: Jaca Book, 2011), p. 191.

16   www.decrescita.it에서 인용.

17   한편 제품의 라이프 사이클 단축은 다양한 문제점을 낳는다. 항상적(恒常的) 기술 혁신은 기업을 상당히 불안정하게 만들기 때문이다. Yann Moulier Boutang, *L'Abeille et l'Économiste* (Paris: Carnets Nord, 2010), p. 167.

18   기밀, 특허권, 저작권, 나아가 상표 보호도 힘들어졌다. Ibid.

19   Jacques Ellul, *L'Illusion politique*(1965)(Paris: Éditions de la Table ronde, 2004), pp. 84~85. 한국어 번역서는 하태환 옮김, 『정치적 착각』(대장간, 2011).

20   William Morris, *L'Âge de l'ersatz et autres textes contre la civilisation moderne*, op. cit., p. 137.

21   Giles Slade, p. 68.

22   Hartmut Rosa, *Accélération. Une critique sociale du temps*(Paris: La Découverte, 2011). 독일어 원서는 Hartmut Rosa, *Beschleunigung. Die Veränderung der Zeitstrukturen in der Moderne*(Suhrkamp, 2005).

23   [옮긴이]3년이면 낡은 것이 되어 버린다는 의미다.

24   자바 프로그램(인터넷 언어) 개발자 빌 조이는《와이어드(*Wired*)》2000년 4월호에 실린 '왜 미래는 우리를 필요로 하지 않는가(Why the Future Doesn't Need Us)'라는 의미심장한 제목의 글에서 비슷한 내용을 주장했다. Jean-Pierre Dupuy, *La Marque du sacré*(Paris: Carnets Nord, 2009), p. 77에서 인용.

25   노먼 커즌스는 히로시마 원폭 투하 희생자의 아이들 400명에 대한 구호 활동을 펼쳤다. Giles Slade, p. 146 참조.

26   [옮긴이]냉전 당시 미국과 소련의 핵무기 경쟁에서 비롯된 전략이다. 한쪽이 핵 선제공격을 가하면 다른 한쪽이 남은 핵무기로 보복을 가하기 때문에 승패에 관계없이 모두가 반드시 공멸한다는 의미다.

27   Günther Anders, *L'Obsolescence de l'homme*, op. cit., p. 41.

28   Ibid., p. 240.

29   [옮긴이]한나 아렌트, 김선욱 옮김, 『예루살렘의 아이히만』(한길사, 2006) 참조.

30   [옮긴이]과학과 기술을 이용해 인간의 정신적, 육체적 성질과 능력을 개선하려는 지적, 문화적 운동이다. 장애, 고통, 질병, 노화, 죽음과 같은 인간의 조건들은 바람직하지 않고 불필요한 것으로 규정된다. 트랜스휴머니스트들은 생명 과학과 신생 기술이 그런 문제들을 해결해 줄 것으로 기대한다.

31   [옮긴이]미래학에서 문명 발전의 가상 지점을 지칭하는 용어로, 미래에 기술 변화의 속도가 급속히 변함으로써 그 영향이 넓어져 인간의 생활이 되돌릴 수 없도록 변화되는 기점을 말한다. 대표적인 특이점주의자인 버너 빈지의 경우 특이점의 도래를 2005년으로 추산했으나 20세기에 비해 21세기의 기술적 진보가 크게 약화됨으로써 기술적 특이점의 도래에 대한 가상 이론이 재논의되었다.

32   [옮긴이]초당 100경 번의 연산 수행.

4 계획적 진부화의 한계

1   Vance Packard, p. 46.

2   Giles Slade, p. 158에서 인용.

3   Jean-Claude Michéa, *L'Enseignement de l'ignorance et ses conditions modernes*(Paris: Climats, 1999).

4   Vance Packard, p. 121.

5   Ibid., p. 244.

6   Ibid., p. 256.

7   Ibid., p. 257.

8   Ibid., p. 258.

9   Ibid., p. 244.

10   Ibid., p. 16.

11   Vance Packard, p. 202.

12   [옮긴이]코르누코피아(cornucopia)라고도 불린다. 그리스 신화에서 제우스의 유모였던 요정 아말테이아가 가지고 있던 뿔을 상징하는 것으로, 이 뿔을 가지고 있는 사람이 원하는 모든 것으로 속이 채워진다고 한다.

13   Ibid., p. 203.

14   [옮긴이]환경과 생태계 보호를 명분으로 들어선 파시즘 체제를 이르는 말이다. 과거 독일의 나치 정권이 적극적인 자연 보호에 나선 전례가 있지만, 아직 현실화되지 않은 이론적 가설로 남아 있다.

15   [옮긴이]2008년 나폴리의 쓰레기 매립장이 포화 상태에 이르자 도시 곳곳에 수거되지 않은 쓰레기들이 쌓이면서 분노한 주민들이 방화와 시위에 나섰다. 중앙 정부의 지원을 제대로 집행하지 않은 주정부의 무능력과 마피아의 쓰레기 수거 사업 장악 등 복합적인 원인이 사태를 키웠다. 결국 독일 함부르크 시의 매립장으로 쓰레기들을 실어 보내는 것으로 사태가 일단락됐다.

16   Ibid., p. 264.

17   Ibid., p. 3.

18 Ibid, p. 204.

19 Ibid., p. 206.

20 Ibid., p. 266.

21 Piero Bevilacqua, *La terre è finita*, op. cit. 참조.

22 William McDonough & Michael Braungart, *Cradle to Cradle. Créer et recycler à l'infini*(Paris: Éditions Alternatives, 2011).

23 Franck-Dominique Vivien, *Le Développement soutenable*, coll. Repères(Paris: La Découverte, 2005), p. 77.

24 "생태 위기에 맞선 싸움에서 거둔 드문 '승리들'은, 프랑스의 정치가이자 환경 운동가인 장폴 베세가 정확하게 지적하듯이, 스프레이나 저온 유통 체계에서 프레온 가스(CFC, 염화불화탄소) 사용을 금지하거나 제조업체에 산성비를 줄이기 위한 의무 규정을 부과하는 등의 '강제적' 조처가 포함된 정책을 결단성 있게 도입한 덕분이다. 유럽의 주거 밀집 지역에서 대기 오염의 악화를 막을 수 있었던 것도 유럽 연합이 자동차 제조업체들이 따를 수밖에 없는 규준을 마련했기 때문이다." Jean-Paul Besset, op. cit., p. 196.

25 Ibid., p. 197.

결론: 탈성장 혁명

1 [옮긴이]인간이 지구에서 삶을 영위하는 데 필요한 의식주 등을 제공하기 위한 자원의 생산과 폐기에 드는 비용을 토지로 환산한 지수를 말한다. 인간이 자연에 남긴 영향을 발자국으로 표현한 것이다. 선진국일수록 이 면적이 크게 나타난다. 녹색 연합이 2004년 조사한 바에 따르면 한국인의 생태 발자국은 4.05헥타르로 이 방식대로 생활한다면 지구가 2.26개 있어야 한다는 계산이 나온다.

2 Rob Hopkins, *The Transition Handbook. From Oil Dependency to Local Resilience*(Green Books, 2008). 프랑스어 번역서는 *Manuel de transition. De la dépendance au pétrole à la résilience locale*(Québec: Silence/Écosociété, 2010). 또한 Christian Araud, *Prélude à la transition.*

Pourquoi changer le monde?(Paris: Sang de la terre, 2012) 참조.

3   과학적 생태학을 경유해 물리학에서 빌려 온 이 개념은 생태계의 상호 작용 네트워크의
     질적 지속성으로 정의된다. 더 일반적으로는, 한 시스템이 외부의 충격을 흡수하고, 자신
     의 근본적인 기능, 구조, 정체성, 반작용의 힘을 유지하면서 스스로를 재조직할 수 있는
     능력을 말한다.

4   [옮긴이]기술을 의미하는 접두어 techno와 단식(斷食)을 의미하는 jeûne을 결합하여 만
     든 조어다.

5   카미유 마들랭(Camille Madelain)의 언급, *Les Nouveaux Cahiers de l'IUED*, n° 14, p. 242 참
     조.

6   Marino Ruzzenenti, op. cit., p. 281.

7   환경 잡지 *Passerelle Éco* 홈페이지 참조. http://www.passerelleco.info/article.php?id_
     article=489.

8   Gilbert Rist, *L'Économie ordinaire entre songes et mensonges*(Paris: Presses de Sciences Po,
     2010), p. 212.

9   [옮긴이]어종별로 연간 잡을 수 있는 상한선을 정하고 어획할 수 있도록 하는 제도.

10   Piero Bevilacqua, *Il grande saccheggio*(Rome: Laterza, 2011), pp. 198~201.

11   19세기 프랑스 시인 알퐁스 드 라마르틴의 시「밀리 혹은 고향 땅(*Milly ou la terre natale*)」
     에서 인용.

12   [옮긴이]크리스마스가 상업화되기 전에 프랑스에서는 어린아이들이 나란히 벗어 놓은
     신발 속에 선물로 오렌지 따위를 넣어 주는 관습이 있었다.

13   [옮긴이]그리스 신화에서 헤스페리데스는 아틀라스의 딸들로, 헤라가 제우스와 결혼할
     때 대지의 신 가이아에게서 선물로 받은 사과나무를 지키는 임무를 맡았다. 이 사과나무
     가 있다고 알려진 서쪽 땅은 신들의 총애를 받는 이들이 사는 행복한 낙원으로 여겨졌다.
     그래서 고대 그리스인들이 스페인의 오렌지를 황금 사과로 묘사했을 것이라는 가설도
     있다.

옮긴이의 말

　몇 달 전 아내가 빗자루를 하나 사 들고 왔다. 마트에서 파는 플라스틱 제품이 아니라 손으로 직접 엮어 만든 전통 수수 빗자루였다. 알록달록한 색실로 야무지게 감아 놓은 손잡이가 예뻤다. 값이 상당히 비싸다고 했다. 어차피 몇 번 쓰지도 않고 구석에 처박아 둘 거면서 예쁜 물건에 현혹되어 헛돈을 썼다고 아내를 타박했다. 그런데 웬걸, 지금은 내가 그 빗자루를 더 즐겨 사용하고 있다. 무엇보다 빗자루가 바닥을 스칠 때 나는 그 '삭삭' 소리가 좋다. 청소기를 돌릴 때 나는 시끄러운 기계음과 비교할 바가 아니다. 청소기의 흡입력이 강하다는 인상을 주기 위해 의도적으로 소음을 만들어 내는 제조사도 있다지 않은가. 그뿐인가. 전원 코드를 옮겨 꽂아 가며 무거운 청소기를 이리저리 끌고 다니다 보면 문지방이나 가구 다리는 온통 상처투성이가 되고 만다. 반면 부드러운 빗자루를 사용하면 힘도 훨씬 덜 들뿐만 아니라 물건에 상처를 내지 않으면서도 구석구석 숨은 먼지를 쓸어 낼 수 있다.

이렇게 여러모로 더 편리한 물건을 왜 더는 만들지도 쓰지도 않게 된 것일까? 수수 빗자루가 첨단 기술을 장착한 진공청소기에 자리를 내주기까지 어떤 일이 있었던 것일까? 왜 우리는 청소기 없이는 청소를 할 수 없다고 믿게 된 것일까? 삭삭 비질을 하는데 이런 질문들이 차례로 떠올랐다. 아마도 청소기의 윙윙거리는 소음 속에서는 이처럼 곰곰이 생각하는 것조차 힘들지 않았을까.

시계나 가구 같은 물건들은 어떤가? 북유럽의 유명 DIY(소비자가 직접 조립하는 제품) 가구 판매점이 드디어 한국에도 문을 연다는 소식이 들려온다. 예전에는 한 번 구입하면 평생 소중하게 사용하다가 다음 세대에게 물려주곤 했던 물건들이 이제는 거의 일회용 제품 취급을 받는다. 저자가 지적하듯이 집조차도 쓰고 버리는 시대가 됐다. 현대 소비 사회의 총아인 스마트폰은 말할 것도 없다. 약정 기한을 채우지도 못하고 새 기계로 바꾸는 소비자들이 수두룩하다. 최근에는 법적 한도 이상의 보조금을 제공하는 곳이 있다는 정보를 듣고 몰려든 사람들이 새벽부터 판매점 앞에 길게 줄을 서는 진풍경이 연출되기도 했다. 어쩌다 우리는 이토록 품위 없는 삶을 당연한 듯 받아들이게 됐을까?

이 책은 이 질문들에 답하기 위한 몇 가지 실마리를 제공해 준다.

프랑스의 대표적 성장 반대론자, 탈성장주의자로서 왕성한 활동을 펼쳐 온 세르주 라투슈는 이 책에서 아직 대중적으로 널리 알려지지 않은 '계획적 진부화'라는 개념을 통해 상품들에 포위된 우리의 일상이 식민화되고, 공간과 시간이 변형·왜곡되고, 급기야 도덕과 명예, 인간성마저 진부한 것이 되어 버리는 과정을 펼쳐 보여 준다. 이처럼 매우 심각한 주제들을 다루고 있지만, 라투슈의 이야기는 앞에서 예로 든 빗자루처럼 아주 사소하고 일상적인 물건에서 출발한다. 마이크로칩에 입력된 프로그램을 통해 인쇄 매수를 제한하는 프린터, 제조사들의 담합으로 수명이 일정 시간 이하로 제한된 전구 등의 예는 참으로 충격적이다. 그러나 라투슈의 의도는 악덕 기업들의 음모를 폭로함으로써 소비자들에게 경각심을 심어 주는 데 있지 않다. 대신 계획적 진부화가 몇몇 '나쁜' 기업의 속임수에 그치지 않고 자본주의적 상품 생산이 발달한 사회 전반의 일반적 현상이 되었다는 점을 강조한다.

자본주의는 지속적으로 성장하지 않으면 유지될 수 없는 최초의 경제 체제다. 갈수록 더 많이 생산하고 더 많이 소비하지 않으면 안 된다는 말이다. 상품의 영역은 확대되고 종류는 더욱 세밀해진다. 예전에는 안 입는 옷으로 만들어 쓰던 걸레를 지금은 마트에서 돈을 주고 구입한다. 욕실이나 주방 청소용 세제는 용도에 따라 어찌나 종류가 많은지 진열대 앞에서 한참을 서서 고민해야 한다. 이런 상품들 덕분에 생활이 더욱 편리해지지 않았느냐고 반문하는 이들도 있을 것이다. 하지만 교통 체증을 피할 수 있는 경로를 검색해 주는 내비게 이션의 편리함에 감탄하는 것과 무엇이 다를까. 그런 기술적 해결보 다 자동차 없이는 가까운 곳조차 가지 못하게 된 의존적 상황에서 벗 어나는 것이 더 중요하지 않을까.

기업이나 국가가 노력을 하지 않는 것은 아니다. 자전거 도로를 만들거나, 친환경 제품 인증 제도를 마련하거나, 에너지 효율을 높이 기 위한 정책을 도입하기도 한다. 하지만 그들이 귀에 못이 박이도록 반복하는 '지속 가능한 성장'이라는 말이 암시하듯, 이러한 정책들은 경제 성장률을 극대화하면서 환경 위기와 에너지 위기에 대응하겠다 는 태도를 드러낸다. 가장 좋은 예가 연비 좋은 자동차 생산과 소비 에 혜택을 주는 정책이다. 유가가 오르면서 고연비의 자동차를 찾는 소비자들이 늘었다. 얼핏 보면 에너지 위기가 자연스럽게 에너지 절 약을 유도하는 것처럼 보이지만, 멀쩡한 자동차를 조기 폐차하면서 환경을 오염시키고, 연비 상승으로 도리어 주행 거리가 길어지는 등 새로운 문제들이 발생한다. 사정이 이러하니 에너지 위기와 환경 위 기조차도 상품화되고 있다는 비판은 설득력을 얻는다.

라투슈는 지속 가능한 발전이라는 개념에 단호하게 반대한다. 대신 "생태적 지속 가능성과 사회적 공평성을 위한 경제적 탈성장"을 주장한다. 이는 2008년 파리에서 개최된 탈성장 대회의 표어이기도

하다. 대회 선언문에 따르면, 탈성장은 지구 전체에서 경제의 '적정 규모화(right-sizing)'를 달성하기 위한 유일한 대안이다. 지속적 발전의 대안 개념으로 제시된 적정 규모화는 부국들은 생태 발자국을 적정 규모가 될 때까지 줄이고, 최빈국은 절대 빈곤에서 벗어나기 위한 경제 성장 방식을 자율적으로 선택하는 방식을 말한다. 요컨대 성장을 위한 성장이 아니라 필요에 의한 성장을 추구하자는 것이다.

이 책의 번역을 마쳤을 때가 작년 10월 말이었는데, 그때 이미 유명 백화점들은 색색의 전구를 밝히고 연말 시즌에 돌입했다. 명절이나 축제를 손꼽아 기다리던 시절은 끝났다. 기다림조차 진부한 것이 되어 버렸다. 모든 것이 예전처럼 평온하게 반복되는 듯 보이지만, 사람들은 자주 정체 모를 불안과 공허감에 사로잡힌다. 여기저기서 흉흉한 소문들이 들려온다. 바다 건너 후쿠시마 사고 원전에서는 지금도 방사능 오염수가 흘러나오고 있고, 밀양에서는 노인들이 건강과 생활 터전을 지키기 위해 온몸을 던져 고압 송전탑 건설을 반대하고 있다. 그러는 동안에도 원자력 발전소에서 생산된 전기는 고압 송전선을 타고 와 백화점의 전구들을 밝힌다.

거대한 원자력 발전소에서 작은 진공청소기에 이르기까지, 자율성이 사라진 식민화된 체제와 일상을 근본부터 바꿀 수 있는 사고의 전환과 실천이 시급하다. 물론 진공청소기 대신 빗자루를 사용한다고 하루아침에 세상이 바뀌지는 않을 것이다. 하지만 일상생활 깊

숙이 뿌리내린 사고와 습관을 바꾸지 않고서 근본적인 변화를 기대할 수는 없다.

분량의 한계 때문에 계획적 진부화가 제기하는 중요한 철학적 질문들을 심도 있게 다루지 못했다는 아쉬움도 있지만, 이 주제와 관련하여 한국에 처음 번역, 소개되는 책이라는 점에 큰 의의가 있다고 본다. 아무쪼록 이 책의 출판을 계기로 탈성장에 관한 논의가 더욱 활발하고 풍부해졌으면 하는 바람이다.

2014년 3월

정기헌

찾아보기

ㄹ

ㅁ

ㅂ

낭비 사회를 넘어서

계획적 진부화라는
광기에 관한 보고서

1판 1쇄 펴냄 2014년 4월 11일
1판 7쇄 펴냄 2023년 11월 8일

지은이 세르주 라투슈
옮긴이 정기헌
발행인 박근섭, 박상준
펴낸곳 (주)민음사

출판등록 1966. 5. 19. (제16-490호)
서울특별시 강남구 도산대로1길 62(신사동)
강남출판문화센터 5층 (우편번호 06027)
대표전화 02-515-2000 / 팩시밀리 02-515-2007
www.minumsa.com

ISBN 978-89-374-8906-8 (03300)

* 잘못 만들어진 책은 구입처에서 교환해 드립니다.